なぜ
いま
ポスティングか

20年以上の
経験則に基づく
10の仮説

佐々木 実
アドワールド
代表取締役

宣伝会議

まえがき

ポスティングは日本人の購買行動にマッチ

私たちアドワールドの前身は、親会社のイースマイル（水道工事会社）が自社の広告物を配るのに、自分たちでポスティングすれば、配布エリアや配布頻度など、細かいところまでコントロールでき、しかも自社配布という安心感がある、ということから立ち上がった社内事業だ。「お預かり枚数＝配布員持出し枚数のアドワールド」「店主の祈りを届ける」という私が気に入っているフレーズは、この自社物配布の理念からきている。

その後、当社がポスティングしていることを知ったあらゆる企業から「うちのチラシもポスティングしてほしい」との依頼が次第に多くなり、ポスティング専門会社としてアドワールドが誕生した。

私はアドワールドでおよそ5年間（創業からは26年）、ポスティングの仕事に携わってきた。その間、多くのクライアントのビジネスを、ポスティングという面からサポートさせていただいた。おかげさまで、たくさんのクライアントから、継続的な受注をいただいている。

その間、強く実感したのは、ポスティングというマーケティングツールは、日本人の購買行動にとても向いているのではないかということだ。

商品を購入するとき、ごく一部の富裕層やこだわりを持つ人たち以外、ほとんどの人たちは「これが買いたい！」という明確な目的意識を持って商品を買っているのではないと思う。

日々の生活において、そのときどきにキャッチした「これ、よさそうだな」「この食べ物おいしそう」という情報から、購入する商品を選ぶことがとても多いというのが私の仮説だ。言わば、あるシチュエーションやタイミングにおける「ちょうどいい」という心理だ。

ポスティングされた宅配ピザのチラシを見て「たまには家族で宅配ピザを食べよう」というのが、その「ちょうどいい」の代表的なケースだろう。宅配ピザの企業はそうしたことを経験的に分かっているから、ポスティングを継続させているのに違いない。

新聞折込広告からポスティングへという流れ

ポスティングは、地域の情報をそれを必要とする地域の住人に届けることができる最適なメディアのひとつだ。

長い間、この役割の大きな部分を新聞折込広告が担ってきた。しかしここ数年、新聞を購読する世帯が減少していくなど、新聞折込広告をめぐる環境が変化してきている。

こうした広告環境の変化にともなって、ポスティングを活用して、地域の人たちに情報を届けようとする企業が増えてきた。この「新聞折込広告からポスティングへ」という流れは、今後ますます大きくなっていくだろう。

この本は、ポスティングからの反響をさらに高めたいと考えている企業や、これからポスティングを行って集客・販売していきたいと考えている企業に向けて書いた。

ポスティングで配るチラシは、単に商品や企業の情報を掲載するものではないと思う。クライアント様の「祈り」が込められたメディアだと考えている。

▼消費者はあなたの店に行くと、どんないい特典があるのか？
▼消費者は、なぜほかの店ではなく、あなたの店を選ぶ必要があるのか？

そういうことが伝わるような、チラシを作る人自身の「祈り」が込められた「手紙」でないと、なかなか反響には結びつかないだろう。
逆に言えば、こうしたことを伝えれば、チラシを見た人は〝自分ごと〟として捉えてくれ、反応しやすくなると言える。

本の中では、私の経験から導き出した、ポスティングに関する10の「仮説」を第1章で紹介するとともに、ポスティングを行ったことがない人でも無理なく理解できるよう、ポスティングの「準備」「配布」「配布後」の各段階における基本的かつ重要な事項をまとめた。また、実際のポスティング事例も紹介し、ポスティングを行う際の具体的なポイントを書いた。

この本が、みなさまのビジネスをさらに発展させることのお役に立てば、望外の幸せだ。

すべては店主の祈りのために！

アドワールド　代表取締役　佐々木実

なぜいまポスティングか
20年以上の経験則に基づく10の仮説

目次

第2章　ポスティングのワークフロー

準備

第3章 ポスティング成功事例

第1章

なぜいまポスティングか

新聞折込広告のニーズをポスティングが継承

新聞の購読者が減っている

これまで長い間、地域へ告知する媒体としては、新聞折込チラシが主流だった。毎朝配達される新聞には、多くのチラシが挟み込まれ、特に週末は大量の折込チラシが届いた。毎日届くチラシを見るのを楽しみにしている新聞購読者も多かった。

現在でも新聞折込チラシは多くの企業や店舗に活用されているが、徐々に状況が変わってきている。インターネットやスマホの普及、若者を中心とする新聞離れなどによって、新聞を購読しない世帯が増えてしまった。それに伴って、新聞折込チラシを見る住民の数も減少した。クライアントからすれば、折込チラシを使った告知は、以前ほどの効果が望めなくなったとも言える。

こうしたマーケティング環境の変化の中、新聞折込チラシに代わるマーケティング手法としてクライアント側が注目しているのがポスティングだ。

地域密着の情報をチラシで提供

ポスティングは、配布スタッフが地域の住宅一軒一軒のポストにチラシを入れて情報を届ける。新聞折込チラシと同様、地域の人たちに情報を届けるのには有効な手法だ。

地域に密着したビジネス（食品、飲食、家電、不動産など）の情報は、地域の人の高い関心があるにもかかわらず、住民は得にくくなってきている。

こうした環境の変化のもと、多くのクライアントがポスティングという手法の有用性に、改めて気付くようになったのだ。

Point

- **若者世代を中心に新聞購読は減っている**
- **「新聞折込→ポスティング」という流れが加速**
- **地域情報を届ける媒体として改めて注目**

地域情報を届けるメディア「新聞折込」

新聞折込のメリットとデメリット

新聞の購読者が減少傾向にあるとはいえ、まだまだ多くの世帯が新聞を購読している。新聞折込チラシは依然として、地域の人たちに情報を届ける有力な手段のひとつだ。

ここでは、主にポスティングと比較したときの新聞折込チラシのメリットとデメリットについてまとめてみよう。

まず、メリットには、

▼新聞を購読している世帯には、必ず折込広告が届く
▼単日で一気に広範囲、多くの人への告知が可能
▼曜日や日を絞った告知がしやすい
▼デイリーのメニュー内容変更にも対応できる

▼年齢が比較的高めの人へアプローチができる
▼主婦やシニア層の中には、新聞折込チラシを細かくチェックする習慣のある人が一定数いる
▼新聞折込の広告基準を満たしているので、受け手からすると安心感がある
▼大きなサイズのチラシも比較的活用しやすい
という点が挙げられる。

一方、デメリットとしては、
▼近年、新聞購読者は減少傾向にある
▼新聞購読者にしか届かない
▼若い世代は新聞を購読しない世帯が多いため、若い世代の家庭には情報を伝えにくい
▼たくさんのチラシといっしょに同梱で折り込まれると、ほかのチラシに紛れてしまいがち
▼集合住宅のみや、一戸建てのみといった、送付先のセグメンテーションはできない
といった点が挙げられる。

新聞折込もポスティングも「地域にチラシを配る」という点では同じだが、配布エリア

の選定や配布方法など様々な面で異なる。
新聞折込やポスティングを利用するときは、こうした違いを念頭に置いて、チラシの配布プランを立てることが肝要だ。

Point

- 新聞折込は昔からある伝統的な〝地域媒体〟
- 単日で一気に広範囲に配るには有効
- 新聞を購読していない層には情報が届かない

「モノ」ならではのチラシ媒体力

手元に残したり冷蔵庫に貼ったり

ポスティングは、基本的にクライアントが指定する配布エリア内の、実質ほぼすべての世帯にチラシを届けることが可能だ。新聞を購読していない世帯に対しても、テレビをあまり見ない世帯に対しても、情報を届けられる。そこがポスティングの強みであり魅力と言えよう。

しかも、ポスティングされるチラシは、テレビCMのように目や耳にしたそばから消えていくタイプの広告と違い〝モノ〟として残り続ける。

チラシにクーポンなどの特典が付いていると、なおさらその傾向が強まる。チラシを思わず冷蔵庫に貼り付けたり、チラシの内容を家族で話題にしたりすることも多い。

例えば、

▼ホームパーティーなどの予定を控えているとき、クーポン付き宅配ピザのチラシをとっ

ておく

▼家族の中に求職中の人がいれば、求人チラシを見た家族は、そのチラシを仕事を探している家族に渡す

こうした「モノ」として残り続けるチラシの媒体力は大きい。クライアントはそうしたチラシという媒体の力にも改めて気付き始めてきている。

Point

- **テレビCMは流れるそばから消えていく**
- **チラシは「モノ」として残っていく**
- **壁や冷蔵庫に貼られて目に触れ続ける**

「裸」で投函されることで生まれるメリット

ポストから取り出した瞬間がチャンス！　ポスティングアイキャッチ

他の媒体と比べたとき、ポスティングの優位性のひとつとして挙げられるのは、チラシが「裸」でポストに投函されるいうことだ。

裸で投函されていることにより、チラシに書かれている情報が露出されているので、ポストからチラシを取り出すとき、必ず一瞬でも内容を目にすることになる。

一戸建て住宅ならば、家の外にあるポストから家に入るまでの数秒の間にチラシを見る。マンションの住人ならば、エントランスにある集合ポストから、エレベーターを待っている間、あるいは自分の部屋に入るまでの間、その数10秒間に、チラシの内容を断片的でも把握することになる。これがポスティングの反響を高めている大きな要素だと考えている。その人が自宅に帰る。その「ほっ」とした瞬間に、クライアントの情報が目に入る。生活動向の中に自然に情報を入れてしまうことができるのだ。

チラシを一瞬見て「こんな店が新しくできたんだ」「こんなサービスを提供している店が近くにあるのか」といった情報を把握する。そして、「あした家族で外食する予定があるから、ちょうどいいのでこの店に行ってみようか」という行動につながっていく。日頃から必要な情報や、クーポン付きのものなら、捨てないでとっておくだろう。同じチラシでも、新聞折込だとチラシは裸ではなく新聞に包み込まれているので、新聞から取り出さないと見られない。

また、ネットはサイトにアクセスして自分から取りに行かないと情報は得られない。裸で投函されたチラシは、チラシをポストから取り出すとき、ほぼ必ず一瞬は内容を目にするということが、集客や販売につながっていくのである。

このように、生活者が自分から情報を取りにいかなければならないプル型ではなく、プッシュ型で情報を届けることができるのが、ポスティングの優位性の一つである。そして、この一瞬で生活者の関心を引くことができるチラシの力を、私は「ポスティングアイキャッチ」と呼んでいる。チラシを制作し、配布する際には、是非このポスティングアイキャッチを意識してみてほしい。きっと集客や問い合わせ数が変わるはずだ。

Point

●ポスティングされたチラシは「裸」である
●裸なので掲載情報が露出している
●手に取った人は一瞬でも掲載情報を目にして心に留める

配布先を柔軟に選べる

エリア指定だけでなく物件指定なども可能

ポスティングの大きな特長のひとつに、配布するエリアを柔軟に選べることが挙げられる。柔軟に選べるということは、特に小規模店舗にとっては、かなり有効な宣伝戦略となるだろう。

全く集客商圏ではないエリアへのチラシの無駄遣いを避けることができるからだ。新聞折込でもある程度配布エリアを指定できるが、ポスティングはより細かくエリアを選定して配布することが可能だ。

ファミリー層が多く住んでいるエリア、学生が比較的多く住んでいるエリアなどといった属性による指定もできるので、商品やサービスにとって、より的確なターゲットに訴求したいときに、ポスティングは効果を発揮する。

エリアだけではなく、配布先をマンションのみ、あるいは一戸建のみといったように物

件によって選定することもできる。また、事業所のみの配布といった指定も可能だ。

このように、配布先を具体的に絞ってリーチできることが、ムダなチラシ配布を可能な限り減らすことにつながり、チラシ配布のコストパフォーマンスが高まっていくことになるのである。

Point

- 配布エリアを細かく指定できる
- 配布先物件による指定も可能
- ムダな配布を減らせばコストパフォーマンスは高まる

ポスティングは日本人の気質に向いている？

「ちょうどいい」というニーズにぴったり

あくまで個人的な分析だが、日本人は目的意識を鮮明には持たないで、日々の生活を送っている人が多いのではないだろうか。そういう人が多いように思う。「俺は将来、プロ野球選手になる！」「オリンピック選手になる！」などと、絞り込んだ目的を持って生きている人は全体から見ればごくわずかではないだろうか。

私自身のこれまでの人生を振り返っても、明確な目的意識のもとに生きてきたとは言い難い。

消費者の購買行動についても、同じようなことが言えるのではないか。これは、ポスティング事業を長年やってきた私の実感だ。

ごく一部の富裕層やこだわりを持つ人たちは「このブランドのこの時計が欲しい」「こ

のブランドの靴じゃないとダメ」と考えて買っている場合もあるだろう。

しかし、ほとんどの人は、「これが買いたい！」という明確な目的意識があって商品を買っているのではなく、生活において、そのときどきにキャッチした「これ、よさそうだな」「ちょっと安いからいいな」「この食べ物おいしそう」という情報から、購入する商品やサービスを選んでいるのだと思う。

ポスティングされた宅配ピザのチラシを見て「たまには家族で宅配ピザを食べよう」とか、新店舗のチラシを見て「こんな店が新しくできたんだ！　ちょっと行ってみよう」となる訳だ。

デジタル社会でもチラシがなくならないワケ

このように、ポスティングされたチラシというのは、消費者がたまたま接する情報源としては極めて有効に活用されいてる。

だから、デジタル社会と言われる現在において、モノとしての「紙のチラシ」がなくならないのだ。スマホのアプリの宣伝にチラシポスティングを使うこともある。

ポスティングは「買う物をはっきり決めていない」「もともと欲しいものがはっきりある訳ではない」という気質的傾向のある人にとって、とても合っているマーケティング手法だと言えるだろう。

Point

- 多くの人は明確な目的意識を持っていない
- たまたま接するポスティングのチラシは気持ちに響く
- デジタル社会でも紙のチラシはなくならない

ポスティングは迷惑だと思っていないか!?

ポスティングは良いこと

あなたは、ポスティングでチラシを入れたら、その家の住人が「チラシが投函されて迷惑だなぁ……」と感じると思っていないだろうか。もしそうだとしたら、「住人は迷惑なことをされているのに、そのお店に行く」という、支離滅裂な話になってしまう。

ポスティングで集客できている人は、当然ながら「ポスティングは迷惑」とは考えていない。では、そのような人は、何を考えてポスティングしているのか。

ズバリその答えは、

「ポスティングしたらお客さんは喜んでくれる」

というものだ。

これは、何も根拠がない思い込みではない。

ポスティングにおけるクレーム発生率は、0・00005%と言われており、これは約200万枚の配布につき1件という割合である。

もちろん、配布禁止リストには投函しないことをきちんと守った上での数字だが、ポスティングがいかに地域住人に必要とされているかの一端がわかるだろう。

「迷惑なことをしている」と思っているのと、「良いことをしている」と思っているのとでは、結果が180度変わってくる。逆に、チラシを配布していると、地域の人たちから「頑張ってますね!」などと言われることも多い。これは、とても価値のあることだと思う。

ポスティングしているだけで、地域の人たちから応援されてしまうのだ。

これこそがポスティングの持っている魅力でありパワーなのである。

Point

- **ポスティングは「地域の住人に喜ばれている」と認識する**
- **ポスティングは〝良いこと〟と考える**
- **ポスティングしていると応援されることも多い**

地域住民のチラシに対する関心は高い

ポスティング中に住民とコミュニケーション

ポスティングならではのマーケティング的な特色のひとつに、地域住人との〝生のコミュニケーション〟が挙げられる。

実際に自分でポスティングした経験がある人は分かると思うが、チラシを配布している間、いろいろな人たちから、いろいろと声を掛けられる。

例えば夏ならば、

「暑いねえ、頑張ってるねえ」

雨ならば、

「雨なのに大変だねえ」

とか。

そして、最も多いのが、

「何のチラシを配ってるの？」

と聞かれることだ。

配布をしていると、毎日のように、

「何のチラシを配布しているの？」

と聞かれる。

これは、それだけ地域の人たちが、自分たちの街にどんなチラシが配られているのか興味を持っているということだ。

ときには、配布スタッフが実際に配布しているチラシを見せて、

「〇〇〇にこんなお店がオープンするので、お時間があれば、ぜひいらして下さい！」

と話すこともある。

すると、地域の人たちからは、

「あ～、ここのお店知ってる～　今工事中よね。いつオープンするのか、気になってたのよ！」

などと、ポスティングしている側からすると、とてもうれしい言葉が返ってくることもある。

ポスティング中に得られた住民からの声は、より精度の高いポスティングを実現できる

よう、社内で共有したり、必要に応じて、クライアントにフィードバックすることもある。
このように、単なる一方通行のコミュニケーションではなく、生活者との双方向のコミュニケーションの可能性が、ポスティングの奥深さでもあるだろう。

Point

- チラシ配布中は住民からいろいろ声掛けされる
- 最も多い声は「何のチラシを配っているの?」
- 地域住人はクライアントが思う以上にチラシに関心を持っている

個人事業主などへアピール

ライバルが少ないＢｔｏＢポスティング

ポスティングは、事業者が消費者に対して情報を届ける、いわゆるＢｔｏＣタイプが圧倒的に多い。

事業者が事業者に対してポスティングするＢｔｏＢタイプは、正確な数字は持ち合わせていないが、感覚的には全体の５％以下だ。

ＢｔｏＢタイプのポスティングにはどんなものがあるかというと、だいぶ前だが、ある生命保険会社が中小企業の社長向けに保険商品を紹介するポスティングを手広く行っていた。

今でも、司法書士や行政書士といった「士業」の方々は、個人事業主や中小企業向けに、ポスティングを行うことはあるが、割合としてはかなり少ない。

こうした士業の場合は、今ではネットで宣伝・集客するケースが多いようだ。依頼する個人事業主や中小企業の社長も、ネットで検索して、予算やサービス内容を比較して選ぶというスタイルが定着してきていると思われる。

ただ、この状況を逆に考えれば、ポスティングによるPRはライバルが少ない訳だから、ネットなど他の媒体と組み合わせながらポスティングを行っていくという戦略は十分にあるだろう。ウェブ広告でレッドオーシャンの業界は、チラシポスティングではブルーオーシャンのケースが多いのだ。

Point

- ポスティングはBtoCタイプが主流
- BtoBタイプのポスティングは狙い目かも
- ネットなどと組み合わせて展開すれば効果も期待できる

チラシはスマホより記憶に残りやすい？

保存した情報を探すのも容易

現在は、スマホで情報を入手することが普通となった。スマホはいつでも使えてとても便利だが、画面が小さいことや、コンテンツによってはスクロールしないと表示しきれない場合もあり、読みにくく感じることも多い。

そこへいくと、ポスティングで配るチラシは、サイズがA4やB5などど、スマホに比べる大きく、パッと見ただけで、どんな内容かが直感的に分かりやすい。

物心付いた頃からスマホを使っていた「スマホネイティブ」にとっては、スマホの画面の小ささやスクロールの扱いは慣れているので、読みにくさは感じないのかもしれないが、一般的にはスマホよりも紙に印刷されたチラシのほうが読みやすいということは言えるだろう。

個人的な印象だが、チラシは見た瞬間に、情報が意識の中に残りやすい。スマホやパソコンの画面で情報を見るときは、どうしても「目が滑る」というか、チラシに比べると表示してある内容を把握しにくい面がある。

また、スマホで見た情報を残しておきたいと思って保存しても、あとから探し出すのが大変なことが多い。

保存した情報をあとから見ようと思っても、どこに保存したか思い出せなくて、結局、ネットで検索して、探していた情報を得ることも少なくない。どこかに保存したこと自体、忘れていることもある。

一方、チラシの場合は、大切なチラシは壁や冷蔵庫に貼ったり、リビングのテーブルの上など身近なところに置いたりするので、欲しいときにすぐ出せるケースが多い。

この、モノとして残るという特性がチラシの優位性につながっている。常に大量の情報が流れ、シビアな情報の取捨選択がなされているスマホに対し、チラシの場合は「いつか使うかも」くらいの軽い気持ちでとっておいたという経験が、読者の皆さんにもあるのではないだろうか。

一言で言えば、チラシはメディアとしての消費期限が長いのだ。どんなに長くても数週間、下手をすれば数時間で流れていってしまうインターネット上の情報に対し、チラシは数か月前に配ったチラシから問い合わせが入るということもある。
ポスティングをする際は、このような長期間にわたる効果を念頭に入れて配布するといいだろう。

Point

- **チラシは一瞬で全体の内容を見渡せる**
- **スマホやパソコン画面で見る情報は、内容が把握しにくこともある**
- **保存しておいたチラシの情報は、デジタルコンテンツよりも探しやすいことが多い**

第2章

ポスティングのワークフロー

どのように料金を算出しているのか？

配布スタッフの人件費をベースに算定

ポスティング会社は料金をどのように決めてるのか？　当社の場合は基本的に人件費から算出している。

なぜなら、ポスティングにかかる経費のほとんど人件費だからだ。

料金がどのように決まるか、分かりやすくごく簡単に説明すると、例えば、時給1000円の配布スタッフが8時間勤務した場合、日当は8000円となる。

この配布スタッフが8時間かけて2000枚のチラシを配った場合、

日当8000円　÷　チラシ配布2000枚

で、1枚あたりの原単価は4円ということなる。

もちろん、エリア特性によって1日あたりの配布枚数は異なる。マンションが多かったり、一戸建てが多かったりで違ってくるし、坂道が多くても違ってくる。また、住宅がどれくらいの密度で建っているのかによっても異なってくる。

ほかにも、チラシのサイズ、配布期間、配布条件（軒並み・集合住宅限定・一戸建て限定など）が料金算定の要素だ。また、配布スタッフに支払う給料が歩合給なのか日給なのかによっても、人件費原価は違ってくる。

料金が極端に安い会社は要注意

もし、ポスティング会社に見積もりを依頼して、出てきた料金が極端に安い場合は要注意。「この価格で人件費がまかなえるのか？」という疑問をポスティング会社にぶつけてみることをお勧めする。

それに対して数値で納得のいく答が返ってこないポスティング会社は、利用するのを再考したほうがいいかもしれない。

「どうやって経営、運営を維持していくのか?」そのような質問をポスティング会社にぶつけることもありだろう。

Point

- 配布料金のベースは配布スタッフの人件費
- エリア特性や配布条件によって料金は変動
- 配布スタッフの給与が歩合給か日当かでも料金が変わることも

ポスティングの見積もりを見極めるポイント

配布エリアを自分で歩いて確認

ポスティング会社は、配布エリアの特性（マンションが多いのか一戸建てが多いのか、坂道が多いのかなど）を考慮に入れて料金をクライアントに提示している。そのため、パンフレットやサイトなどに記載されている「参考単価」より高い場合もあるだろう。

もし見積料金の整合性について判断しかねたときは、以下のポイントを確認する目的で、配布エリアを自分で回ってみることをおすすめする。

自分でチラシをポスティングしたことのある事業者は、商圏エリアのことをよく把握しており、ポスティング会社からの提案に、鋭く質問することもある。

世帯数

例えば、団地が建て替え中で住人が一時退去していたり、駐車場だったところがマンションに変わっていたりと、街の様子は1~2か月のうちにも結構変動があり、世帯数も変化している。普段考えていた世帯数のイメージと現実とは、違っている場合もある。

また、実際にエリアを回ってみると、そのエリアの世帯数が今後も増えるのか、あるいはすでに飽和状態なのかが、ある程度判断できる。

例えば、工事中のマンションがあれば世帯数は増えるだろうし、空き地が増えていれば、世帯数は少なくなっている可能性が高い。

地形・区画

面積と世帯数が同じふたつの町丁目があるとする。一方は碁盤の目のように整備された区画、もう一方は路地や行き止まりの道が多い区画。また、一方は高低差のない平地のエリア、もう一方は起伏の多いエリアだとする。

どちらの場合も、後者の方が時間がかかり、配布人件費原価が高くなる。

住宅の密集度・建て方

住宅が密集している区画は、一見、短時間で多くの世帯に配布できそうだが、住宅のタイプによっては、そうとも言い切れない。

3階建て住宅は、1階は駐車場で2階に玄関がある物件が多い。3階建て住宅が多いエリアは、何度も階段の昇降を繰り返す必要が出てきて、その分、配布スピードは落ちる。

ポストの形状によっても、配布スピードは変わる。ドアに設置されているポストは、広告物をきれいに落とし込むのに、ほかのポストよりも時間がかかることがある。

また、フタを手前に引いて開け、広告物を入れたあとにパチンと閉めるタイプのポストも思いのほか時間を要する。

土地の起伏

当社では基本的に自転車カゴに広告物を積み、そこを補充拠点として配布している。多いときは、自転車カゴやリュックサックに、2000~3000枚の広告を積むこともあり、自転車を含めた総重量はかなりのものになる。

補充拠点まではクルマで行くことが多いが、起伏が多いエリアでは、最初に最も高い地点で、配布スタッフ、自転車、広告物をクルマから降ろして、移動の負担を少なくするよう工夫している。

また、クルマを補充拠点とすることもあり、その場合は、ドライバーが送迎および補充を担う。いかに最適なタイミングで、配布スタッフに広告物を補充できるかが配布枚数に直結する。

仕事の合間に、歩き回る時間を捻出するのは大変かもしれないが、気分転換を兼ねて、近くの数ブロックだけでも歩いて確認してみたらどうだろうか。自分が思い描いていた地域の姿とは違った面を発見するかもしれない。

Point

- **配布エリアを自分で歩いてみると新たな発見がある**
- **世帯数は短い期間でも変動する可能性も**
- **土地の起伏があると配布スピードが落ちることも**

チラシサイズはどう決めるのか？

情報量によって決まる傾向

チラシを作る際にサイズをどうすれば良いのかは多くのクライアントが悩む。

一般的に多いのはＡ４、Ｂ５、Ｂ４。この３種類が主流だろう。掲載する情報量である程度サイズは決まってくる傾向にある。

また、以下のように業種などによって、サイズが固定している面もある。

▼**宅配ピザなどのフードデリバリー系**

メニューを多く掲載するためＡ３や冊子タイプが多い。

▼**店舗への来客を促す目的のチラシ**

Ａ４タテのサイズにして、イチオシのメニューやお値打ち商品などポイントを絞った内容にするケースが目立つ。

▼塾や介護などのサービス業

A4もしくはB5が多い。こうした業種のサービスメニューは、一般的に物販に比べて多くないので、小さめのサイズが選ばれる。

▼不動産

B4あるいはB5が多い。掲載物件が多いときは、B4ヨコのサイズにして、配布エリアは広範囲にする。逆に、掲載物件が少ないときはB5サイズにして、配布エリアもピンポイントで行う傾向がある。マンション販売はB4、空き家情報などはB5が多い。

上記サイズ以外にも、細長い短冊形やB5よりも小さなサイズなど、いろいろなタイプがある。詳しくは第3章の実例を見ながら確認してもらえれば幸いだ。

サイズについては、クライアントが何回ものポスティングの試行錯誤を経て、もっともコストパフォーマンスが高いチラシを作り上げているケースが多い。

最後に、基本的にチラシサイズの大きさと反響の大きさとは、直接的な関係はないことを付け加えておこう。

チラシにお得な情報が盛り込まれているか、チラシを潜在顧客が多いエリアに配布しているか、配布のタイミングは適切だったか、などの要因が反響を決めると言っていいだろう。

Point

- 掲載情報量の多い少ないによってサイズが選ばれる傾向
- 試行錯誤を経て最適なサイズを追求
- サイズと反響は直接的には関係ない

タウン誌、地域の情報誌の利点・欠点

自社チラシでポスティングか？　タウン誌に広告掲載か？

ポスティングなどで広告する場合、自社だけの単独チラシにするのか、タウン誌のように、ほかの企業の広告も一緒に載っている媒体（ここでは〝共同広告〟と呼ぶことにする）を活用するのか迷うクライアントは結構多い。

ここでは、共同広告のメリットとデメリットについてまとめみよう。

まずメリットだが、タウン誌などの媒体は一般的に、ポストから家の中、リビングまで持って行く確率が高くなると言われている。

その要因としては、広告だけでなく、生活情報やコラムなどの読み物も掲載されていることが挙げられる。

定期的に発行されていることが多いので、発行を待っている人（その媒体のファン）も少なくないという要因もある。中には地域密着で、30年間もタウン誌の発行を続けている企業もある。

また、タブロイド判などサイズが大きい媒体は目立つため、手に取ってもらいやすいということも挙げられるだろう。

一方、デメリットもある。タウン誌などは、予算に応じた広告スペースに数社の広告が掲載されている。そのため、自社の広告がほかの企業の広告に紛れて、目立たなくなってしまう。

また、広告スペースには限りがあるので、必要な情報を載せきれないことも出てくる。

さらに、業種によっては広告表現の規制があるので、他社の広告と同じような内容になってしまう可能性もある。

Point

- **タウン誌などはポストから家まで持って行く確率が高い**
- **他社の広告に紛れて自社の広告が目立たなくなりやすい**
- **広告スペースが小さく必要な情報が載せきれないことも**

あえて奇をてらう

チャレンジ精神が〝刺さる〟チラシを生む

自宅や会社のポストの中に投函されていたチラシを見たら、同じ業種の事業者のチラシが何枚も入っていたという経験をした人もいるだろう。

こうした厳しい競争の中で、手にとって読んでもらうには、〝あっと驚く〟ような奇抜な工夫がされたチラシもときには必要になってくる。

例えば、以下のようなチラシだ。

▼飛び出す絵本のような作りのチラシ
▼直筆で書き手の温もりや手作り感をアピールしたチラシ
▼「先月3人しかお客様が来ていません。助けてください！」と書いて見た人の情に訴えるチラシ

▼「生ビールこの日は何杯でも100円!!」のような超特典戦略

中には、チャレンジ精神を通り越したような奇抜過ぎるチラシもあるが、ときにはあえて奇をてらったデザインや内容のチラシも考えてみたらいいかもしれない。思い付いたアイデアはすぐに忘れてしまいがちだ。考えが浮かんだら、できるだけすぐに実行に移してみて、効果を検証してみたらどうだろう。

効果が良ければ続けるようにして、思ったような効果が出ないようならば中止すればいいのだ。こうした試行錯誤を重ねることで、見た人の気持ちに〝刺さる〟広告が作られていくのだと、クライアントを見ていて思う。

Point

- **ときには奇抜な工夫をしてみよう**
- **思いついたアイデアはすぐに実行してみる**
- **効果があれば続けて、効果がなければ止める。それを繰り返す**

反響を出すチラシ作成の考え方

どうやったら興味を持ってもらえるかを考える

自宅や会社のポストには、毎日かなりの枚数のチラシが投函されているのではないだろうか。日によっては、中身はよく見ずに、ゴミ箱直行のチラシも多いに違いない。

なぜゴミ箱行きか？　それはチラシに対して興味が持てなかったからではないだろうか。人は興味のないモノには、あまりにも無関心である。だから、ポスティングするときには、「どうやって興味を持ってもらうか？」がポイントとなる。

ここで重要になるのが、他のチラシよりいかに目立つかだ。そのためには、チラシの形を工夫するのがひとつの方法だ。

基本的に、サイズが小さくて紙質が悪いほど印刷代金は安い。しかし、ポストの中に入ると、小さいので目に止まりにくく、手に取って見てもらえる確率（＝ピックアップ率）は落ちてしまう。

逆に、サイズが大きいチラシや紙質がよいチラシは目立ちやすい。特殊形状のチラシはさらに目立ちやすく、興味をそそりやすいのでピックアップ率は高まる。その一方で費用が割高になる。

予算とのバランスを考えて、いかに目立つ形状のチラシを作るかはひとつのポイントだ。

押し出したいことを分かりやすく表記できているか

何を伝えたいかが明確に記載されているかどうかも大きなポイントだ。具体的には、チラシに掲載する「文章の読みやすさ」と「見やすさ」だ。つまり、先程のポストからリビングまでの数10秒間の「ポスティングアイキャッチ」に、何を映させることができるかだ。

例えば、A、Bというデザインが違う2種類のチラシがあって、

▼Aのチラシは、いろいろな情報を詰め込みすぎていて作文のような文字の羅列のようなデザインのチラシ

▼Bのチラシは、コンパクトに押し出したいセールの「○%割引」部分だけをドカンと押し出していて非常に見やすいチラシ

どちらが反響が出やすいかというと、もちろん後者のチラシになる。

住民は、手に取ったチラシが自分にとって有益な情報か無益な情報かを一瞬で判断す

る。さらに、一度脳に植え付けられた印象はなかなか消えない。チラシの形状と、伝えたいポイントの2点を工夫してデザインすることがポイントになってくる。

Point

- **見た人にとって〝有益な情報〟を提供する**
- **チラシの形状や紙質などの差別化を図る**
- **伝えたいポイントがすぐ分かるか**

ポスティングのワークフロー 準備編［7］

高い反響につながりやすいチラシとは？

初心者でもできる4つのポイント

これまで当社は様々な業種のクライアントのポスティングのお手伝いをしてきた。こうした経験から、反響につながるチラシには共通した要素があることが分かった。ここでは、その中からポスティング初心者でも取り入れやすい4点について解説しよう。

①何のチラシか一目で分かる

電車の中吊り広告、テレビCM、雑誌広告などの中には、斬新な表現や、洗練されたイメージの広告も少なくない。

しかし、ポスティングの場合は、こうしたタイプの広告は基本的に効果が薄い。ポストに投函されているチラシの中から手に取ってもらわなければならないが、そのためには、そのチラシが何を宣伝しているか、一目で分かることがとても重要になる。「新しい店がオープンしました」「ただ今キャンペーン中です！」「イベントをやります！」など、絞り込んだ具体的な内容を伝えるようにチラシをデザインすると、見た人の気持ちに届くようになる。チラシのキャッチを見て、詳しい内容をスマホで見るという習性を使うのだ。

②チラシの折り目を意識する

ポスティングでは、チラシを2つ折りあるいは3つ折りにして投函することも多い。折るときは、チラシのデザインを決める段階から、折ったときにチラシのどの部分が折り目に来るかを意識することだ。

折られた状態でポストに投函されていたチラシを見た人は、チラシのどんな内容を目にするのか？　見た人にまず何を伝えたいのか？　そうした情報が折られた状態ですぐに目に入るようにデザインされているのか？　こうしたことを意識してみよう。

③チラシ限定特典が付いている

「チラシを持ってきて頂いた方限定！」のクーポン券付サービスは、反響につながり、効果を確認する販促手法のひとつだ。特典サービスの〝お得度〟によって、反響件数は上がっていく傾向にある。ただし、商品の値引きは注意が必要。大きな額の値引きは、定価の信頼性を損ねてしまう。あくまで〝ちょっとしたお得感〟のラインを見極めることが大切だ。

そして、限定特典を実施するときは、特典が受けられる期限を設けること。「早く行かないと、なくなっちゃう!」「期間内に一回は食べに行かないと!」という気持ちになってもらうことが大切だ。

④知名度があればシンプルに訴求

商品名あるいは店舗名などが、すでにある程度の知名度を持っていれば、商品や店舗の説明はそれほど必要ないケースも多いだろう。そうしたときは、できるだけシンプルに、伝えたい内容だけを載せるのが効果につながりやすいことも多い。

Point

- **何のチラシか一目で分かるキャッチでスマホに誘導**
- **チラシの折り目を意識してデザインする**
- **チラシ限定特典を付ける**
- **知名度があればシンプル路線で**

商品やサービスの〝強み〟を明確に

チラシ作成は〝商品のウリ〟を見つめ直すチャンス

日々目にするたくさんのチラシ中には、いまいち何が商品のウリなのかがよく分からないチラシに出くわすことがある。

私はウリがない商品は、基本的にないと思っている。ただ、商品の魅力がうまく表現できていないだけなのだ。

もし、本当に商品にウリがないのなら、ウリが何もない商品を販売していることになる。

商品のウリがよく分からないときは、スタッフ同士でどこがウリなのか徹底して議論してみるのもひとつの方法だ。

普段の忙しさにつられて、商品本来のよさが見えにくくなっているだけかもしれない。

そして、チラシを作るときは、ウリについての素直な気持ちをストレートに言葉にしてみることも一度試してみたらどうだろう。

チラシを本気で考えて作るのは、かなり骨が折れる。でも適当に作ったチラシでは、なかなか反響につながらないのは明らかだ。

真剣な想いが詰まったチラシでこそ、きっとその想いに共感してくれる顧客が現れてくるものではないだろうか。

考えすぎて混乱してしまった場合には、地域の人の生活動向はどうなっているかな？　自分だったら（身近な人でも）、何を訴えられたら興味がわくかな？　と原点に戻って想像をふくらませてみよう。あくまでも欲しい（行きたい）と思ってもらえなければ商品やサービスは経済価値に変わらないからだ。

Point

- **商品の持つ強みを明確にする**
- **自社スタッフで商品のウリを徹底的に考える**
- **チラシを本気で作るのは骨が折れる作業だと覚悟する**

デザインをひと工夫で〝捨てられない〟チラシ

伝えたいことを書き並べただけのチラシはゴミ箱行き

チラシやインターネットなどの広告を見るとき、人は1秒くらいで自分に関係のある内容かどうかを判断して、3秒以内で続きを読むかどうかを判断すると言われている。判断するときはチラシの内容だけはなく、無意識のうちに「読みたいチラシ」かどうかを判断しているようだ。逆に言えば、「読みたくないチラシ」は1秒で「ゴミ箱行き」と判断されてしまう。

どうしたら「読みたいチラシ」になるのか？　そのために重要なのがチラシのデザインだ。

▼文章の行間が詰まりすぎている
▼文字のフォントがバラバラ

▼使っている色が多過ぎる
▼レイアウトが整理されていない

このようなチラシは「読みたくないチラシ」と判断されていまいがちだ。チラシを作るときは、こうした基本的なデザイン要素に反していないか、いつも意識することが大事になる。

オレンジ色は食欲をそそる

人は目から入る情報として、文字よりも色が優先されているとも言われる。配布先ターゲットとしている顧客層の心理を考えた配色も重要だ。

男性は青系の色、女性はピンク系の色を受け入れやすいといったことはよく言われるが、色にはさらに心理的効果を生み出す力もある。

例えば、「赤」は行動力を象徴し、購買意欲を掻き立てると言われている。セール品や価格の表示、アイキャッチのコピーなどに赤が多く使われているのは、こうしたことが理由だ。

「オレンジ」も赤と同様に行動力や活力を表しているが、食欲を高める効果も期待できるという。

飲食店の看板や広告に、オレンジが使われているケースが多いのはそのためだ。

伝えたいことを、ひたすら書き並べて作ったチラシでは、本来反響につながっていたはずの人も、「読む気にならない」と、内容に目を向ける前に、ゴミ箱へ捨ててしまう可能性が高くなる。

それでは、あまりにもモッタイない。高い反響につなげるためには、チラシに目を通してくれる人を、ひとりでも多く増やすことが大切になる。そのためには、チラシのデザインにも意識を向けることが大切だ。

Point

- **チラシは1秒で捨てるかどうか判断される**
- **デザインが悪くて見てもらえないチラシはモッタイない**
- **色がもたらす心理効果を活用しよう**

ポスティング会社を選ぶポイント

まずオフィスを訪問しよう

　もし、依頼しようとしているポスティング会社に不安を感じるようならば、正式な契約を結ぶ前に、その会社のオフィスを訪問することだ。そして、チラシが保管されている倉庫も見せてもらおう。

　そのとき、ポスティング会社の担当者が会社に来ることをいやがるようならば、その会社に依頼するのは考え直した方がいいかもしれない。

　きちんとした会社ならば、クライアントがオフィスに来るのを嫌がる理由はないからだ。そんなことは一般常識では考えられないのだ。ＨＰ上では見えない部分をしっかり確認することをお勧めする。

　クライアントから「お宅の業界にはたまに訪問を嫌がる業者がいるのはなぜなのか？」と真顔で言われるケースが結構ある。

オフィスに訪問して担当者と打ち合わせができるようならば、以下の点を確認してみることだ。

▼希望の配布スケジュールに対応できるのか
▼何名体制で配布するのか
▼チラシの管理方法
▼スタッフの管理方法
▼配布報告書がもらえるタイミング
▼どのような業種のクライアントが多いのか

こうした質問に対して、誠意を持ってきちんと答えてくれるかどうかを確認しよう。何でもかんでも「YES」しか答えない会社には疑問を持ったほうがいいかもしれない。

ちなみに、報告書がもらえるのは、ポスティング完了後、早ければ早いほどクライアントとしてはありがたいはずだ。アドワールドでは、配布が完了した当日の夜にまとめ上げ、翌日に報告書をクライアントに提出するようにしている。

オフィスに行くことになったら、必ずチラシなどの広告物を保管している倉庫も見せてもらおう。見せてくれる会社は、クライアントから預かった広告物をきちんと管理していると思っていいだろう。

契約どおりの枚数のチラシを配布しないなどの〝悪徳ポスティング会社〟は、倉庫を持っていないことや、持っていても物が散乱していて、とても広告物の管理ができないようなこともあると聞く。

Point

- できるだけポスティング会社を訪問し担当者と打ち合わせしよう
- 倉庫を見せてくれないポスティング会社は〝悪徳〟の恐れも
- ポスティング会社の信頼度を図るひとつの尺度は、飲食店やフードデリバリーのクライアントが多いかどうか

悪質なポスティング会社に要注意

「お預り枚数＝配布員持出し枚数」の意味

例えば、不動産、特に分譲マンション販売のポスティングには大きな特色がある。そのひとつが、他の業種に比べて反響率が分かりにくいということだ。物件にもよるが、数万枚のチラシを配って、1件反響があるかどうかと言われている。

問題なのは、この反響率の分かりにくさを悪用するポスティング会社も存在しているとクライアントから言われることだ。

どうやらクライアントと契約した枚数のチラシを配らないケースがあるらしく、例えば、10万枚の依頼を受けても、7万枚しか配らないで、クライアントには10万枚配ったと報告するのだ。

数万枚に1件の反響を求めるクライアントにすれば、10万枚配ったからなのか7万枚配ったからなのかは、反響からは判断するのが難しい。

これが、宅配飲食系の場合だと、反響率はずっと高いので、契約通りの枚数をポスティングしていないと反響や店舗の売上額から分かってしまう。

反響率が低いチラシのポスティングで気をつけること

また、不動産のポスティングは配布枚数が1クールで、10万枚、20万枚とほかの業種に比べて格段に多いことも特色のひとつだ。

しかも、配り方は他の業種のポスティングのように細かくセグメントしたり、世帯カバー率を高くしたりするのではなく、広い地域を低カバー率で一気に配ることが多い。

クライアントには、「広範囲に配り、貴社の名前を売りましょう！　しかも広範囲は配布労力がかかります」と言いながら、電動機付き自転車などで、世帯カバー率を低く設定した配布エリア表を配布員に指示し、集合住宅だけを要領良く配布させたりする。

問題は、クライアントと契約した世帯カバー率と配布員に指示しているカバー率が一致しているかどうかだ。契約通りであれば問題はないが、そうでない場合は由々しき問題だ。例えば配布世帯カバー率が50％程度で契約し、配布員には30％で配布指示をしたりする。一概には言えないのだが、世帯カバー率を低く契約すると、その先にさらに低くされてもその仕掛けへの気付きが鈍くなってしまうのだ。

配布世帯カバー率50％で契約すれば、クライアントが配布のバックチェック（配布されているかどうか現場でチラシを確認する事）をして、疑念が湧いたとしても「2世帯に1枚しか配布していないですから」と言い訳を許してしまうことになる。

しかも、集合住宅しかチェックしない事も予測の上なのだ。

クライアントの広告担当が、いくら自社チラシの確認とはいえ、戸建住宅のポストを開けて確認するということができない事、集合住宅の入り口にある「チラシごみ箱」しか確認しないことを知っているのだ。集合住宅の入り口「チラシごみ箱」で世帯カバー率50％の配布量を満たすようにすれば……このような悪質ポスティング会社に〝引っかからない〟ようにして頂きたい。

こうした悪質なポスティング会社の存在は、ポスティング業界全体のイメージダウンにつながると同時に、ポスティング業界が抱える問題のひとつだと捉えている。当社が「お預り枚数＝配布員持出枚数」をことあるごとに訴求するのは、悪質なポスティング会社にだまされたクライアント様の代弁なのだ。その対義的なキャッチフレーズは「お預かり枚数＝配布員持出し枚数＋倉庫に余ったどこへ行くのかわからないチラシ」ということになる。

そこで、当社が加盟している日本のポスティング協同組合では、委員会を設置し、新たに「ポスティングクオリティ」制度をスタートさせた。そして、一定の品質基準を満たしているポスティング会社を認証し、利用者が安心してポスティング会社を選べるよう取り組んでいる。

Point

- 反響率の低さを悪用するポスティング会社に注意
- 悪質会社は配布契約枚数と、配布員に指示する枚数が違う
- 契約枚数を配布せず虚偽の報告をすることもあるらしい

ポスティングにも〝弱み〟はある

天候が悪いと予定どおり配れないことも

配布枚数にもよるが、ポスティングは新聞折込と違い、単日で大量チラシの配布は難しい。新聞折込は単日の配布（新聞配達）で、数万枚を配布することも可能だが、ポスティングは数万枚のチラシを一気に広く配布するよりも、効果が出そうなエリアを選定して配布するのに向いている。1回の配布で広い範囲に情報を広めたいときは、新聞折込が向いていると言える。

また、ポスティングは天候に左右されやすい。雨の日や雪の日など、悪天候のときは配布枚数が落ちることもある。

晴天であってもゲリラ的な豪雨があった日は、豪雨の間は配布できないため、やはり通常よりも配布枚数が落ちてしまう。

悪天候などの影響によって、予定の配布枚数が配れなかったときは、クライアントと相談の上で、別の日に配布することもある。
ポスティングを行うときは、こうした〝弱点〟も考慮に入れて、プランを立てる必要がある。

Point

- ポスティングは単日での大量配布は難しい場合がある
- 大量チラシを一気に広範囲に配布したいときは新聞折込を検討
- 配布枚数は雨の日など天候に左右されることがある

反復が反響につながる

何を期待してポスティングするのか

当社のクライアントは、地域密着で商売されているケースがほとんどだ。業種でいえばフードデリバリー、飲食店、美容院などが多い。

クライアントは、何を期待してポスティングするのか？　それは、ズバリ集客。このチラシポスティングで何名集客できるのか。そして次に、「知ってもらうこと」ではないだろうか。

▼こんな近くにお店があったのか
▼ここまで配達してくれるんだ
▼こんなお店がオープンするんだ
▼こんなイベントがあるんだ

などなど、地域の住民に知ってもらいたいことはいろいろある。クライアントはその宣伝のためにポスティングを活用している。

しかし、知ってもらうために、1回きりのポスティングで効果が出るのかというと、なかなか難しい。

思い返してみてほしい。数日、家を留守にしていてポストを開けてみると、チラシが山のように入っていたという経験をした人もいるはずだ。

チラシは毎日、何枚も配られている。その中から、興味を持ってもらわなくてはいけないのだ。

人は興味を持ったものや、見たいものしか目に入らないという。例えば、家を売りたいときや買いたいときに、広告が目に入る訳だが、そんな瞬間が人生に何度あるだろうか。

それは、不動産よりも購入頻度が圧倒的に多いフードデリバリーにしても、基本的には同じことだ。

チラシを何度も目にしてもらう

チラシを見る人のタイミングに合うかどうかが、反響につながるのだ。だから、知ってもらうには、配り続けることが必要になってくる。

チラシを何度も目にしてもらって、頭の中にインプットしてもらう。チラシをじっくり見ている訳ではないけど、何度も目にしていれば、何となく覚えているものだ。そして、〝ちょうどいいタイミング〟でチラシを見ることで、注文したりイベントに出かけたりという行動につながっていく。

ポスティングでビジネスを成功させているクライアントは、そうした生活者の心理を知った上で行っているのだ。

Point

- **ポスティングの目的は集客、そして「知ってもらう」こと**
- **配り続けることで住人の脳に情報をインプット**
- **〝ちょうどいいタイミング〟がビジネスにつながる**

ポスティングのワークフロー 配布編［1］

業種別の反響が期待できるポスティング時期

ターゲットの購買行動をよく考えよう

効果を最大限に出すためには、いつポスティングしたらいいのか？ ポスティングを活用する代表的な業種として、フード宅配・飲食店、学習塾、不動産について、当社のこれまでの経験からまとめてみた。

フード宅配・飲食店

商材的に、一生の間に1度か2度くらいしか購入しないという不動産と違い、食事は毎日のこと、しかも1日3回だ。

チラシの内容を変えながら、定期的に配布し、顧客が欲しいタイミングで目にしてもらうことが反響につながっていく。

夏季やクリスマスシーズンなど、特定の時期に需要のある商材を大きく取り扱ったり、割引クーポンを付けたり、また新メニューの案内、新店舗の案内など、予算の都合を考えながら、内容を変えて配布することにより効果がアップする。

学習塾などの生徒募集

中高生と小学生では募集のチラシ配布のタイミングは異なる。

中高生の場合は、中間テストや期末テストの結果が返ってくる週にポスティングすると、他の時期と比べて、抜群の反響が出ることが多い。

テストの結果を見て成績が悪いと「成績を上げなければ！」との気持ちが高まり、塾を探し始めるようだ。

小学生の場合は、一般的に夏休み前が集客につながりやすい。

不動産関係

家を購入する、家を新築するというのは、普通の人にとって一生の間に1回あるいは数回しかない。

そうしたこともあり、学習塾のような効果が出るピンポイント的な時期はないようだ。

しかし、効果につながりやすい時期はある。そのひとつが、大型連休やお盆の帰省時期などの前だ。

大型連休やお盆は、実家から離れて住んでいる子供の家族が実家に帰省してくる。実家に帰ると、チラシの物件について話題になることも少なくない。その結果、家を購入したり新築したりということにつながる。

Point

- フード関係は内容を変えながら定期的に配布
- 学習塾は小中高でタイミングが変わる
- 不動産は大型連休やお盆休暇の前を狙ってみよう

イベント案内チラシの配布タイミング

開催の1か月前がひとつの目安

販売促進やキャンペーンのために、店頭やホールなどで、地域の人を対象にイベントを企画・実施するのは有効な方法だ。では、イベントの開催案内チラシはどんなタイミングで配布すれば効果的だろうか。

イベントの内容にもよるが、一般的には、イベント開催日の1か月くらい前のポスティングがいいようだ。それよりも早い時期に案内しても、チラシを見た人は「まだ先の事だから」と忘れてしまいがち。

逆に、イベント開催ギリギリだと、すでに予定が入ってしまい、イベントに参加できない可能性が高くなる。

イベントによっては、街頭ポスターを併用すると、さらに集客につながりやすいだろう。ただし、街頭ポスターを貼るときは、多くの場合、地域の自治会や市役所などへの申請が必要になってくるので、掲出前には申請が必要かどうかの確認が必要だ。
集客する対象にもよるが、対象がデジタルデバイスもある程度使いこなしていると考えられるときは、ネットやSNSでも告知していこう。

Point

- 1か月以上前に配布しても、見た人は「先のこと」と思って予定に入れない
- 街頭ポスター、ネットやSNSも併用して集客効果を最大化する

チラシのピックアップ率をいかに上げるか

セオリーの逆張りで週のアタマに配布

基本的には、消費活動が活発化する週末直前や祝日前のポスティングが効果的だと一般的には言われている。

週末や休みは買い物に出かけたり、家でフードの出前を取ったりする。直前にチラシを見てもらえれば、購買行動へつなげることが期待できる。

その一方で、これまでの経験から、飲食関係以外の業種では、週のアタマの配布も効果的なことが多いようだ。

なぜかと言えば、消費者の活発な消費活動を狙って、週末は多くのチラシがポストに入っている。ポストを開けた瞬間、チラシがドッと入っている状況。こうしたタイミングにポスティングしても、他社のチラシに埋もれてしまい、見てもらえないという悲しい結果になる可能性もある。

その点、週のアタマは他社はあまり配布していない。明らかに週末よりもポストの中がスカスカだ。そうなると、手に取って見てもらえる確率が格段と上がる。反響を高めるには「ピックアップ率」を上げるにはどうしたらいいかという視点から考えることも重要だ。

Point

- 効果が期待できるタイミングは週末前が一般的
- 週アタマの配布は他社のチラシが少なくて目立つ
- 「ピックアップ率」をいかに上げるかという視点から考える

配布カバー率80％で費用対効果アップ

費用削減に有効

改めて説明するまでもないが、ポスティングはクライアントから預かったすべてのチラシを、配布スタッフが1枚1枚ポストに投函するマーケティング手法だ。

そのため、理論的にはクライアントが指定したエリアへの〝全戸配布〟が可能になる（実際は、ポストへのチラシ投函を禁止しているマンションや住宅があるなどの理由から、全戸配布は基本的には難しい）。

店舗周辺や駅周辺などの比較的狭いエリアに配布する場合は、〝全戸配布〟は有効になる可能性が高くなる。

その一方で、配布カバー率を意図的に下げる方法も有効だ。例えば、100世帯に対して80世帯に配布をする、いわゆる「80％カバー率」で配布することが多い。

反響については、広告の内容や諸条件によって変動するものの、全戸配布に比べて極端に落ちる訳ではない。基本的に、料金も全戸配布に比べると安くなる。

Point

- 「80%カバー率」という配布方法は広く行われている
- 反響は全戸配布に比べても極端には落ちない
- 費用対効果アップには80%カバー率が有効

配布スタッフの管理方法や勤務形態

ポスティング会社によって管理方法や勤務形態は様々

配布スタッフの管理方法や勤務形態は、ポスティング会社によっていろいろだ。そうした違いによって、配布の精度に違いが生じることもある。

ポスティング会社に依頼するときは、その会社がどのような管理方法やスタッフの勤務形態を取り入れているか把握しておくことも大事だ。

ここでは、主な3つの勤務形態による配布方法、「在宅配布」「移動配布」「キャラバン配布」について、それぞれ特徴と課題について説明してみる。

①在宅配布

チラシを管理社員などが配布スタッフの自宅まで届け、配布スタッフが自宅を中心に配布する方法。規則正しい週間リズムで配布される。

配布スタッフにとっては自分の都合良い時間で配布できるため、やりやすい方法と言える。

その一方で、配布スタッフの都合のいい時間に配布できるので、ポスティング会社としては、スタッフや配布状況の管理が難しくなる。

配布スタッフがチラシを配布しないで廃棄したり隠し持っていたりしても、把握しがたいのが実情だ。ポスティング会社の社員が配布スタッフが住んでいる部屋まで行って、部屋の中に配布していないチラシがあるかどうか探すことは、実際問題としてできないからだ。このため歩いた跡を記録するGPSブロガーを導入している会社も多くある。

②移動配布（個人で動く）

配布スタッフは基本的にポスティング会社に出社したり、最寄り駅などに集合したりして社員からチラシを受け取り、バイクや自転車で配布する。

課題は、配布スタッフを個人単独で現場に送り出すため、配布スタッフの管理と教育に労力がかかることだ。配布スタッフの管理や教育を、どれだけ徹底できるかが、ポスティングの精度を高めることに直結する。

③キャラバン配布（チームで動く）

会社に全配布スタッフが出社してチームを組んで、配布場所まで車や自転車で移動する配布方法。メリットは、短期間での配布が可能なことだ。

また、社員または配布チームのリーダーが配布現場まで同行するため、配布スタッフあるいは配布状況の管理が比較的容易だ。

Point

- 在宅配布は、配布員がチラシを隠し持っていても検証が難しい
- 移動配布は、配布員の管理と教育に労力がかかる
- キャラバン配布は、チームで動くため配布管理が行き届きやすい

紙の地図はポスティングの〝羅針盤〟

ペンで手軽に書き込めるなど重宝するアイテム

スマホで地図が手軽に見られるようになった現在でも、ポスティングにとって紙の地図は必須アイテムだ。すぐにペンで書き込むことができ、しかも軽いので持ち運びが楽。とても扱い勝手がよい。

紙の地図を何のために使うかというと、主に最適な配布ルートを考えるためだ。整然と碁盤の目のように区画整理された街並みは別として、ひとつの町目を重複なく隅々まで歩くのは想像以上に難しい。

配布前、あらかじめ地図を確認して、きちんとルート取りしておかないと、同じ道を何度も行ったり来たりしてしまうことになる。

配布中もずっと地図を見ながら確認できればいいが、チラシ配布は時間との戦いだから、そういう訳にもいかない。かといって、配布スタートのときに、ゴールまでのルートをもらさず頭の中に入れるのも難しい。

そこでアドワールドが行っているのが、ひとつの町目を分割することだ。ひとつの町目をいくつかのエリアに分割すると、複雑な形状の町目でも単純に見えてくる。

例えば、まずAエリアのルート取りをして、Aのゴール地点であるこのコンビニに着いたら、また地図でBエリアのルートを確認してポスティングを続ける。こうしていくと、ルートの重複が防げる。エリア分割やルート取りをするとき活躍するのが紙の地図という訳だ。

禁止物件への投函を防ぐ

紙の地図は、ルートの確認だけでなく、もうひとつ重要な役割として〝禁止物件〟への投函を防止に役立つ。禁止物件とは、「チラシ投函お断り」などの文言がポスト周辺に書かれている一戸建て住宅や、役所、公立病院など公共的な機関のことを言う。

配布前に禁止物件が分かっている場合は、地図に直接、赤ペンで物件をマークする。配布中に判明したときは、その旨、地図に加えていく。こうすることで、禁止物件への投函防止に大きく役立つ。

「物件名くらい、覚えてたらいいのでは？」

と思われるかもしれないが、配布中は配布枚数を正確に把握しながら配布している。地図で確認をせずにポスティングを進めていくと、禁止物件を見落としてしまうリスクが高まるのだ。

Point

- 紙の地図とスマホの地図アプリとを併用
- ひとつの町目を細分化するしてポスティングを進める
- 紙の地図に禁止物件の情報を書き込んで誤投函を防止

GPSで配布軌跡を把握

クライアントとの信頼醸成にも役立つ

ＧＰＳはカーナビやスマホなどで使う機会が増えてきたが、ポスティングでも必需品だ。アドワールドでは、配布スタッフは小型のＧＰＳデバイス「ＧＰＳブロガー」を使い、配布ルートの最適化を図っている。

配布スタッフはＧＰＳブロガーを持ってポスティングを開始。配布が完了し、事務所に戻って来ると、社員はと一緒にパソコン上で、その日に動いた軌跡を確認する。

パソコン画面を見れば、同じ道を何度も通ったことや、自転車を止めた位置などは一目瞭然だ。配布スタッフは自分の配布軌跡を見ることで、効率よく配布できているか反省でき、改善することができる。

特に、経験が浅い配布スタッフには、パソコン画面に映っている配布軌跡を見せ、配布していたときの状況や、歩いた経路などを聞きながら、より精度の高い配布ができるようその場で指導する。

さらに、GPSブロガーのデータは、クライアントに対するエビデンス（根拠、裏付け）にもなる。クライアントが自社のチラシをどのルートで配ったか知りたいとき、配布の裏付けとして見てもらえば、一目瞭然で納得してもらえる。

▼配布員の軌跡はGPS履歴で確認することができる

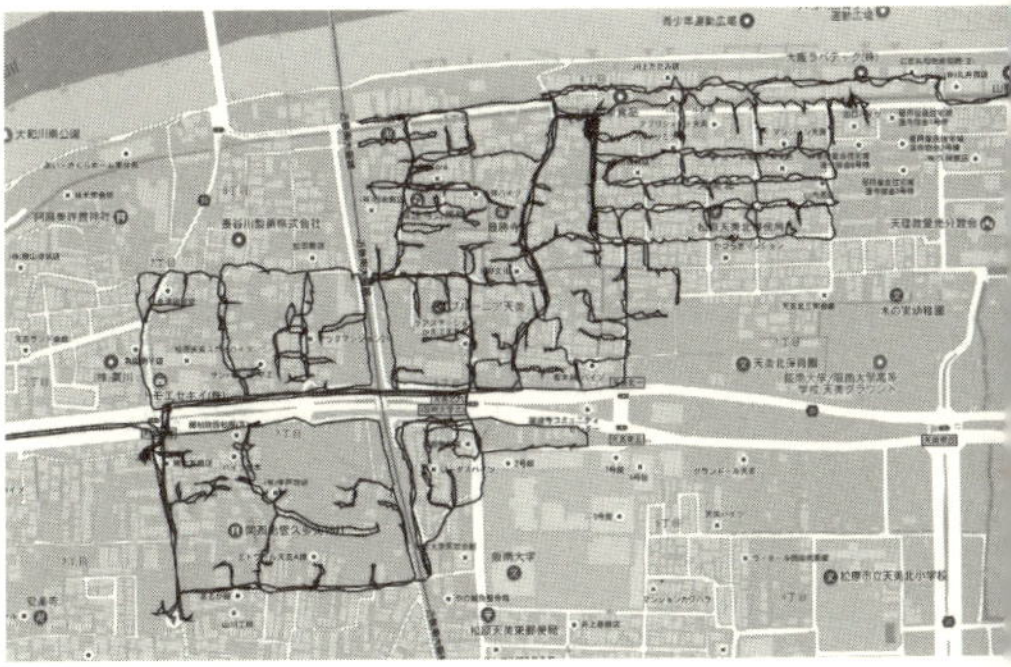

Point

- 「GPSブロガー」を活用して配布軌跡をトレース
- 配布軌跡を見ながら効率よく配布できたか確認
- GPS活用で新人配布スタッフに的確な指導
- 配布軌跡はクライアントに対するエビデンスにもなる

雨にもマケズ、雪にもマケズ

とにかくチラシを濡らさない

「雨の日も配るんですか?」

クライアントとの商談時によく出てくるフレーズだ。クライアントにとって、雨の日にどう配布しているのかは、やはり気になるところだろう。

雨天の配布は、傘を差しながらが基本だ。ただし、雨の降り方やチラシのサイズや形状、枚数などの諸条件によって、傘以外の雨対策が必要になってくる。

まず、配布スタッフが背負うリュック。この中には、チラシが入っている。雨の日、リュックにチラシをダイレクトに入れると、リュック越しに雨水が染みてきて、チラシが濡れてしまう恐れがある。

そこで、リュックの中にビニール袋など水分を通さない袋を入れ、その中にチラシを入れるようにする。さらに、リュックの内側を吸水タオルなどで覆うと、雨水がリュックの中に浸透するのを防げる。リュックからチラシを取る際に、タオルで手を拭くことができるので一石二鳥だ。

配布スタッフが独自に工夫

チラシは濡れてしまうと、チラシ同士がくっ付いてしまい、色移りなどが起きてしまう。それを防ぐために配布スタッフが活用しているのが、Ａ４サイズ程度のプラスチック素材の蛇腹ファイルだ。プラスチック素材なので中が濡れにくいし、蛇腹の仕切りに合わせて一定枚数のチラシを入れておけば、配布枚数のカウントも容易だ。

また、ウエストポーチの活用も効果的だ。最大のメリットは、片手がフリーになること。もう片方の手では傘を持っているので、とてもありがたい。

ウエストポーチはしっかりした素材で、底のマチ幅が大きいものが使いやすい。マグネットタイプの広告物を入れるのに最適だが、Ａ４サイズを2つ折りにしたチラシでも入る。

からだを濡らさないために

傘を差しているとはいえ、長い時間になると、膝から下が濡れやすくなる。

傘を差しつつ、上下レインコートを着る配布スタッフもいる。ただし、汗で蒸れやすくなるので、冬の期間だけだ。

トレッキングシューズを活用している配布スタッフもいる。足首部分までカバーされており、レインコートの下と併用すれば、ほとんど水分が中に入ってこない。重量感があるが長靴よりは軽い。多少値段が高いが、丈夫なので長い目で見ればコスパ的にも合うようだ。

しかし、台風やゲリラ豪雨のときは、配布は無理。こうした悪天候での配布は、配布スタッフの安全にも関わる。配布期間中に台風が襲来したときなどは、その都度、クライアントと相談させてもらっている。

Point

- **配布スタッフが独自にチラシを濡らさない工夫**
- **チラシを濡らさず、自分が濡れる**
- **台風やゲリラ豪雨のときは配布できない**

ポスティングのワークフロー　反響編［1］

1回〜2回の配布であきらめては早計？

即効性よりも継続実施で反響を狙う

ポスティングを行ったものの、思ったような効果が出なかったとあきらめてしまうクライアントが少なからずいる。

一般的にポスティングは、継続して実施することで結果が出やすくなるマーケティング手法だ。

第1章の「ポスティングは日本人の気質に向いている？」でも書いたように、ポスティングは多くの人の「ちょうどいい」という意識にぴったり合っている手法だと考えている。

購入する商品やサービスを決めるとき、たまたま見たポスティングのチラシが影響することは少なくない。

チラシの内容にもよるが、反響につなげるには、タイミングがとても大事になってくる。

1回か2回のポスティングで、想定したような反響を得るのは難しいかもしれない。

ポスティングは即効性を期待するよりも、長期的なスパンで計画を立てるといい結果につながることが多い。

当社のこれまでの経験からも、実際にポスティングで効果を挙げているクライアントのほとんどは、1年以上継続している。

ポスティングで集客できているクライアントは、ポスティングを続けているクライアントだとも言える。

Point

- **集客できているクライアントは継続してポスティングしている**
- **1回、2回の配布で思ったような結果は難しいと考えておく**
- **長期的な計画でポスティングする**

配布エリアを適当に決めていないか？

分からなければ仮説を立てて検証する

ポスティングを実施して思うような結果が出なかったとき、配布エリアはどのように決めたかを思い返してほしい。特に根拠もなく店舗の周辺を適当に決めていなかっただろうか。

ポスティングを成功させるまでには、チャレンジ精神で試行錯誤を繰り返すことは大事だ。しかし当然だが、とにかくチラシをバラまけば誰かが見てくれて、店に来てくれるというものではない。

ポスティングで結果を出しているクライアントに、

「どうして、その地域にポスティングするのか？」

と聞くと、そのクライアントなりの明確な理由が返ってくる。

確かに、経験がないうちから明確な理由のもとで配布地域を決めるのは難しいかもしれない。

しかし、「なんとなく適当に」で配布地域を決めるのと、「〇〇だからこの地域に入れてみよう！」と考えるのでは、大きな違いが出てくる。

もし最適な配布エリアが分からなかった場合は、とにかく今持っている情報から最適な配布エリアはどこかの仮説を立てて配布し、効果を検証しながらポスティングプランを立てていってもらいたい。

Point

- **配布エリアを決める理由を明確に**
- **結果を出している人は、配布先を決めた理由を持っている**
- **仮説を立てて配布し、効果を検証をして精度を高める**

ただのメニュー表を配布してないか？

チラシは顧客への「手紙」と考える

実際に自宅のポストに入っていたチラシを思い返してみてほしい。中には、ただのメニュー表が入っているとか、メニュー表にクーポンがホチキスで止めてあるだけというチラシもあったのではないだろうか。

ポスティングに限らず、広告全般に言えることだが、ただのメニュー表の配布や店舗の告知だけでは、ほとんど集客できない。

地域の住人は、チラシを見て、自分に対してメリットがあるかないかを判断し、商品を購入したり、店に行ったりする。

▼あなたの店に行くと、どんないい特典があるのか？
▼なぜ、ほかの店ではなく、あなたの店を選ぶ必要があるのか？

▼なぜ、ポスティングで集客しているのか？

そういうことが伝わるような、クライアント自身の〝祈り〟が込められた「手紙」でないと、なかなか反響には結びつかない。

逆に言えば、こうしたことを伝えると、チラシを見た人は〝自分ごと〟として捉えてくれ、反応しやすくなるのである。

Point

- **地域の住人に、どんなメリットがあるのかをチラシに盛り込む**
- **見た人が〝自分ごと〟と捉えてくれるようなチラシにする**
- **チラシにクライアント自身の〝祈り〟を込める**

自分で配布して知る地域の人の温かさ

地域住人の表情の豊かさを実感

ポスティングに関心があるものの、まだ行ったことがない人も、あるいは、ポスティングをすでに行っている人も、地域の顧客になりそうな家に、自分でポスティングしてみてはどうだろうか。

第1章の「地域住民のチラシに対する関心は高い」でも書いたが、ポスティングしていると地域の住人からいろいろ声をかけられる。

「大変ね」といったねぎらいの言葉や、「どんなお店なの?」などと、チラシの内容についてたずねられることもある。そう聞かれれば、自分の店なので店の魅力を直接伝えることもできるし、住人のニーズを知ることもできるだろう。

地域に密着し、生の声を日々住人から得られるのは、ポスティングの大きな強みだ。

ポスティングをまだ自分で経験したことがない人は、ぜひ一度、実際に体験してみることをお勧めしたい。
街中から集まってくる情報の多さと、地域の人たちの表情の豊かさ、そして人の温かさにきっと驚くことだろう。

Point

- 自分で配って〝地域の生の声〟を体験してみる
- 地域の人の〝温かさ〟を肌で感じることも
- 住人の声をもとにポスティング精度をさらにアップ

最も反響の高いエリアを探し当てる

クーポンチラシの段階的配布でエリア開拓に成功

ポスティングで集客効果を上げた、ある飲食店のクライアントの実例を紹介しよう。

その飲食店のチラシには割引クーポンが付いていた。割引クーポン付きチラシは比較的、集客につながりやすいので、多くの飲食店が活用しているが、料金を割り引く分、利益率は下がることになる。それでも大量のチラシを配布し、多くの来店客を集めれば、売上高を伸ばすことができるので利益も高まる。

しかし、その飲食店は予算的に大量のチラシを配布することが難しく、1回のポスティング予算は、5000枚の配布であった。

そこで、できるだけ反響を上げるための方法をクライアントとともに考えた。それは、ポスティングしたチラシの反響を可能な限り追跡し、反響を最大化させることだ。

来店客がポスティングされたチラシを見て来店したかどうか、およびその人数は、クーポンの提示から簡単に分かる。しかし、その客がどこの地域から来たのかまでは、それまで把握できていなかった。

そこで、どこのエリアからの来店客が多いのかを検証しようと考えた。それを把握するには、配る地域によってチラシおよびクーポンのデザインや内容を変えれば分かる。ただ、コスト面で数種類のチラシを作成することは現実的ではなかった。

そこで考えたのが、クーポンにマジックでエリアごとに異なる色を付けることだ。配布エリアを東西南北4つに分け、それぞれに違う色のマジックで線を引いたクーポン付きチラシを合計5000枚ポスティングした。すると、エリアごとの反響数に大きな違いが出た。

反響で配布エリアを絞り込む

そこでその翌月、一番反響数が多かったエリアを中心に、再度、配布エリアを4つに分け、4色のマジックでクーポンを色分けした。配布枚数は前回と同じ5000枚だ。すると、ここでもエリアごとに反響数に大きな違いが見られた。

そして、この反響数の大きかったエリアを中心に三たび、4色のマジックで色分けしたクーポン付きチラシをポスティングしたところ、あるエリアからこれまで見られなかったような高い反響があった。そのエリアは、クライアントが想定していた商圏よりも外の地域だった。
3回の反響絞り込みポスティングで、ついにクライアントの飲食店にとってもっとも客数が多いエリアを探し当てたのだ。その後も、そのエリアを中心にして定期的に5000枚をポスティングし、しっかり集客につなげている。

Point

- 1回5000枚のポスティングを戦略的に繰り返して顧客開拓
- クーポンにマーキングして配布エリアを絞り込む
- チラシの反響を追跡して集客効果を最大化

第3章

ポスティング成功事例

ポスティング成功事例❶

株式会社 BuySell Technologies

［バイセルテクノロジーズ］

ポスティングを活用し急成長

株式会社BuySell Technologiesは、日本全国で展開する総合リユースサービス「バイセル」などを運営し、同業界で急成長している企業だ。着物、切手、古銭、毛皮、貴金属などを買い取り、独自のルートで販売している。

今は有名タレントを起用したテレビCMを放映しているが、ポスティングはそのはるか前から活用していただいている。これは私の勝手な推測だが、ポスティングの費用対効果が高く、業績が上がり、広告予算が増えてマスメディアも活用するようになったのかもしれない。

なぜポスティングの費用対効果が高いと言えるのか。それは、同社のビジネスモデルに関係がある。同社は、それまで店舗型の買取が中心であったリユース業界で、査定員が直接自宅や会社に訪問する〝出張買取〟というサービスでシェアを伸ばしてきた。つまり宅配ピザなどと同じ、その場で需要が喚起され、即座にサービスが提供されるという構図を踏襲している。これは、本書で繰り返し述べてきた、「ちょうどいい」というニーズにピッタリなポスティングの特長を活かしていると言えよう。

小型チラシを併配でポスティング

さて、チラシの内容は主に買取サービスの告知だ。表面はほぼ全面を使って着物と切手の買い取りを大きく掲載して、裏面はその買取実績を4分の3ほどの面積を使って掲載している。

チラシの形状は縦長の長方形。A4の約3分の1ほどの大きさだ。はがきが天地方向に長くなったような形で、手に取りやすいわりに情報量は多い。こうした形状のチラシは、弊社でポスティングするチラシの中では、かなり小さい部類だ。同社には長く当社を活用してもらっているが、当初からこのサイズで

表

顧客満足度の調査結果を記載し、信頼性をアピール

有名タレントを起用して、イメージや信頼性のアップを図る。

「お問い合わせ実績　月間20,000件以上」という具体的な数字を示すことで、説得力が増す。

❶ 株式会社 BuySell Technologies

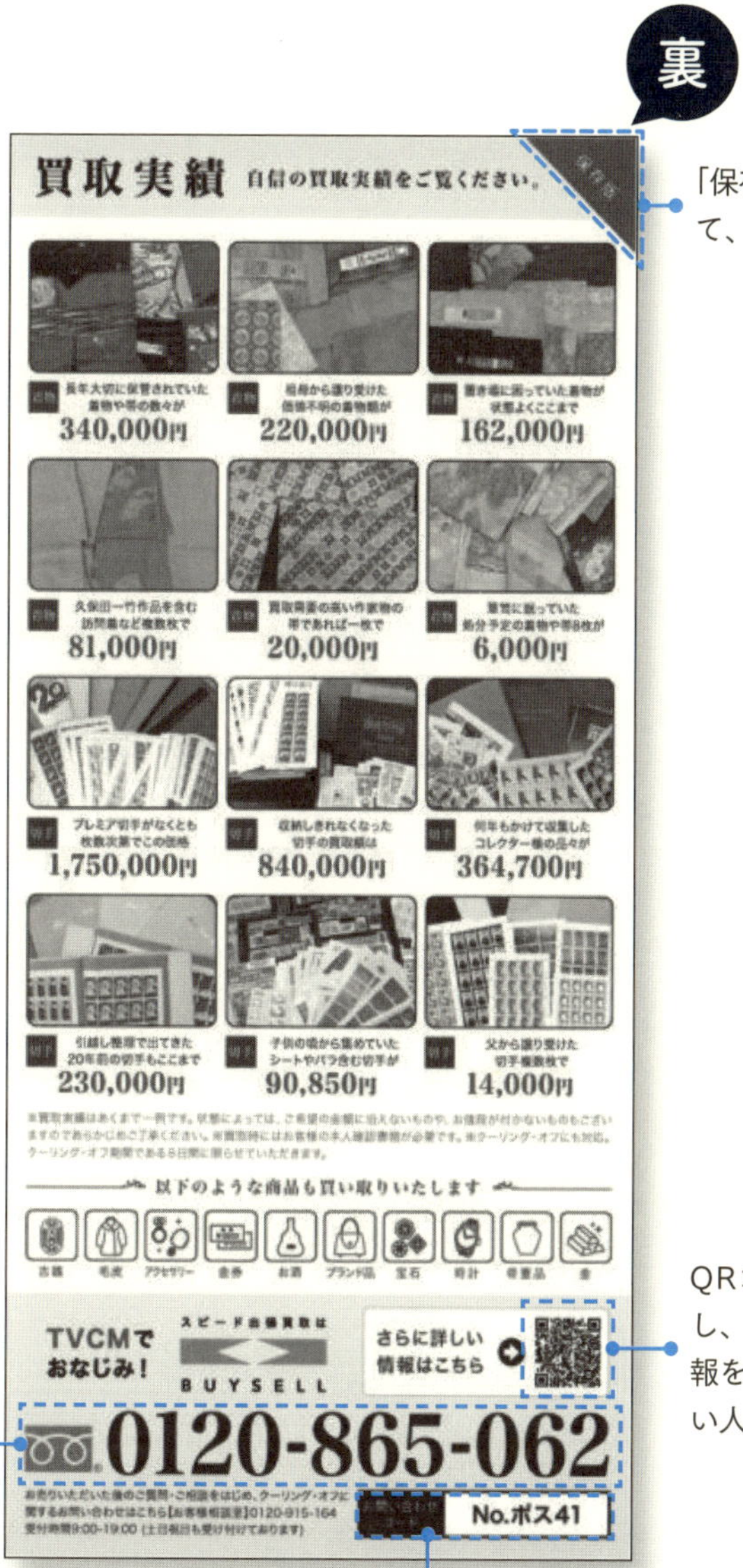

「保存版」と記載して、保存を促す。

QRコードを印刷し、より詳しい情報をスマホで見たい人に対応。

目立つように大きくフリーダイヤルの電話番号を記載。

お問い合わせコードを記載し、どのチラシから問い合わせが来たのかが把握できるようになっている。

一貫している。

配布方法は、併配。他の企業のチラシが配布するエリアに、一緒に配布する方法だ。配布エリアは、他の企業を優先するため、細かな設定はできないが、配布コストが低いのがメリットだ。

この企業のように顧客の自宅などへ出向いて商品を仕入れてくるような〝出張ビジネス〟の場合は、併配が効果的だ。

実際にこのチラシを受け取る生活者は、テレビＣＭなどマスの露出で認知が高まったところに、たまたま〝出会い頭〟にポスティングされたチラシを見ることが多いだろう。近年の買取サービス自体の需要の高まりも背景にあるだろうが、著名人を起用したテレビＣＭによる認知拡大と、ポスティングによる「最後の一押し」がうまくかみ合ってさらなる効果を生み出していると言えよう。

❶ 株式会社 BuySell Technologies

商品・サービス	着物や切手などの買い取り
ビジネス形態	出張買い取り
チラシ形状	A4の3分の1　両面印刷
折り	なし
配布方法	併配

ここがポイント！

- 「併配」でコストを下げながら効果の最大化を図る
- 小さなサイズや変形チラシでも効果を上げることは可能
- テレビCMとポスティングの両面から認知度を上げる

ポスティング成功事例❷

ガスト

（運営会社：株式会社すかいらーくレストランツ）

外食チェーンのデリバリー部門が伸長

ガストは外食産業の大手、すかいらーくレストランツが展開するファミリーレストランチェーンだ。日本全国に1365店舗を構え（2019年1月31日現在）、読者の中には日頃から利用されている方も多いのではないだろうか。

そのガストが、現在、宅配サービスに力を入れていることはご存じだろうか。豊富な店舗ネットワークとメニュー構成を活かし、数百円のランチメニューから数千円のパーティメニューまで、幅広い料理を最短30分でお届けしている。スーパーのお惣菜など、調理済みの食品を購入する「中食《なかしょく》」も参入し、競争が激化する外食産業だが、同社のように宅配サービスを事業に取り込む流れは、今後しばらくは続くのではないだろうか。

外食産業で培ったブランド力を宅配サービスにも

同社はテレビCMをはじめとして、マス媒体への広告出稿も少なくない。しかし、マスの広告では、実店舗で展開中の新メニューやキャンペーンの告知が多く、宅配サービスの告知があまりないのはなぜだろうか。それは、同社が商品の特性と媒体の相性を熟知しているからに他ならない。

生活者が、ファミリーレストランとしてのガストに行く場合、お目当てのメニューやキャンペーンなどがあり、ある程度計画的に赴く場合が多いだろう。一方で、宅配サービスの場合は必ずしもそうではない。自宅や会社を離れられない突発的な事情があったり、自分で料理をしたりする余裕がない時に、たまたまチラシを見て注文する場合が多いのではないか。

ポスティングは、そのような需要にピッタリだ。仕事を終え帰宅し、お腹はすいたけど料理をする時間はない……、家事や育児に忙しく今晩の献立まで手が回らない……、そんなときにおいしそうな料理が載ったチラシが目に入ってくれれば、思わず注文したくなる人が多いのもうなずける。

ガストのチラシには、そんな生活者の背中を押す仕掛けが満載だ。まず、どの料理も本当においしそうに掲載されている。チラシを見る一瞬で生活者の興味を引くには、ここのクオリティはとても重要だ。また、チラシ限定のクーポンや、ネット注文の際の割引などがお得感を高め、「一回頼んでみるか」という気にさせてくれる。

もう一つ重要なのは、紙のチラシなので手元に残りやすいという点だ。テレビCMであれば、映像が流れている15〜30秒しか目に入らないし、ネットの告知もどんどん新しい情報に更新されてしまう。だが、チラシは「いつか使うかもな」と思ってもらえれば、生活者の手元に残る。極端な話、一年以上前に配ったチラシから注文が入ることだってありうるのだ。同社のように、実店舗を持ちながら宅配サービスを展開する際に、ポスティングが有効なことがわかっていただけただろうか。

❷ ガスト

商品・サービス	弁当やランチ、パーティメニューの配達
ビジネス形態	外食チェーンの宅配サービス
チラシ形状	A4　両面印刷
折り	三つ折り
配布頻度	月4回（1ヵ月の全店平均）

ここがポイント!

- ✓宅配サービスとポスティングの相性は抜群
- ✓伝えたい情報が多い場合は三つ折りが有効
- ✓「お得感」のあるチラシは生活者の手元に残る

表

サイズはA4三つ折りで、それぞれの面ごとに情報がセグメントされている。

チラシを手に取って最初に目にする場所には、看板メニューのシズル感のある写真を配置。

❷ ガスト

電話番号と検索ボックスを同程度の大きさで配置。ネットからの注文を促す。

比較的単価の高いパーティメニューをまとめて掲載。ここでもネットからの注文に誘導している。

中

お弁当を中心とした定番メニューがずらりと並ぶ中面。ガストに入ってグランドメニューを開いたときのようなワクワク感と安心感がある。

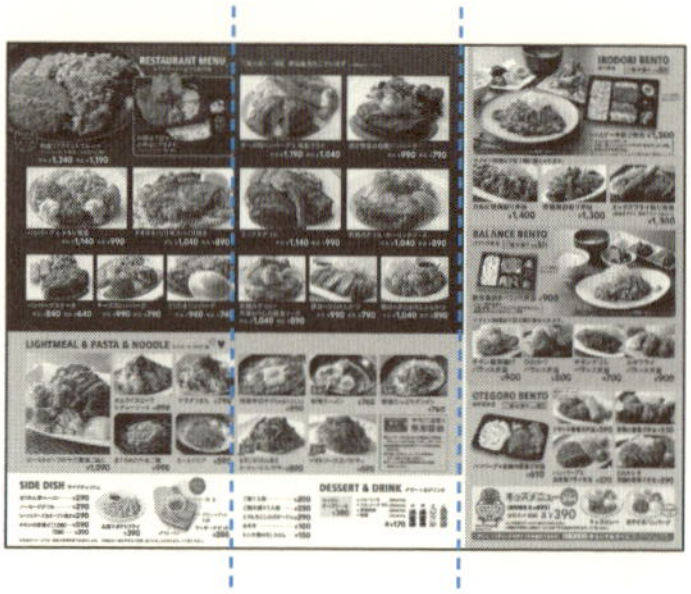

定番メニューと異なる特徴のある商品群は、1/3の面積を割いて紹介。

❷ ガスト

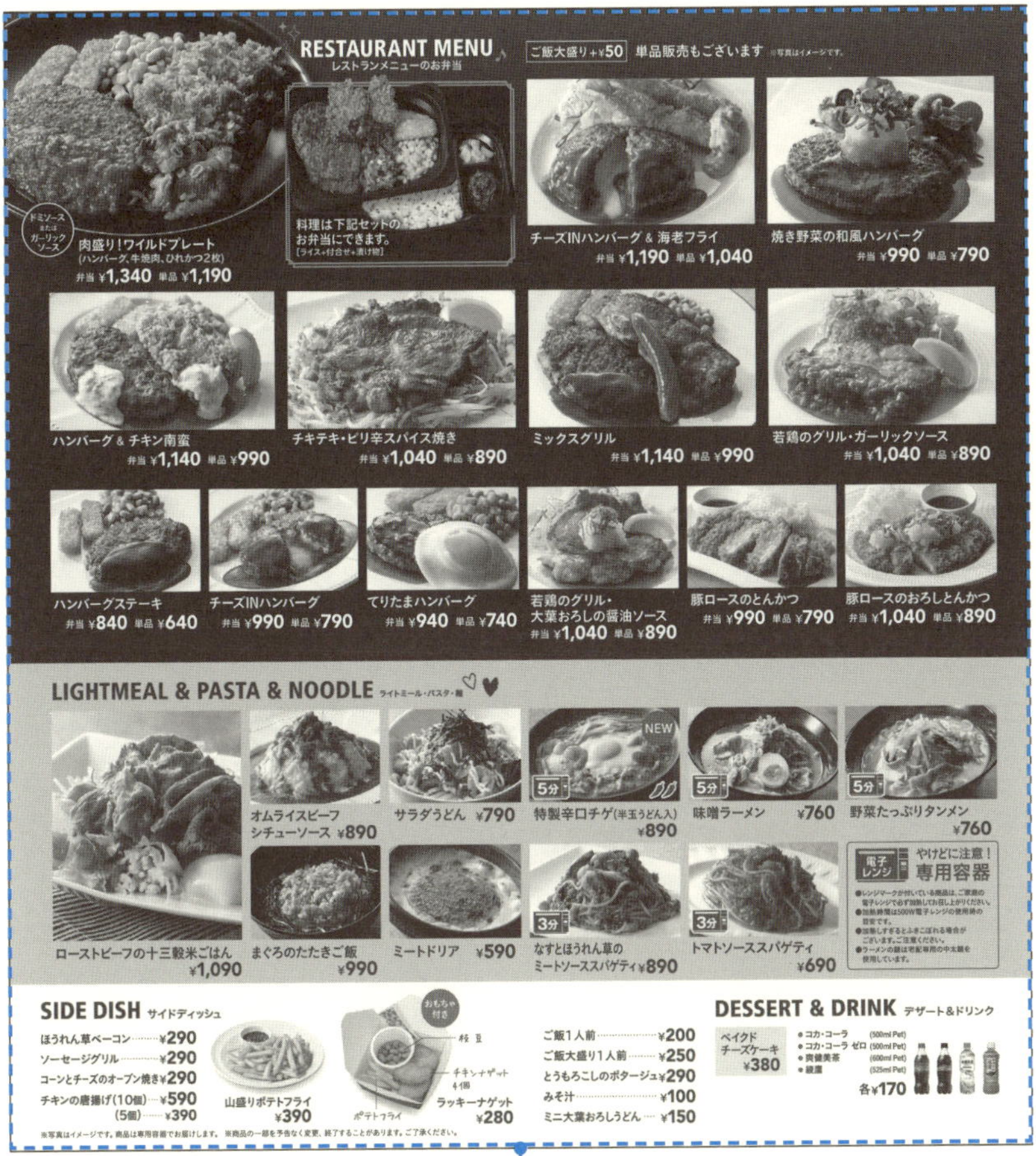

宅配でも、店舗と同じ味が楽しめることをビジュアルで訴求。

ポスティング成功事例❸

かたづけくまさんのトータルアシスト

（運営会社：株式会社ORRES）

エリアを絞った重点配布で高いコストパフォーマンスを実現

トータルアシストは、家庭や店舗にある不要品の片付けや買い取り、および遺品の整理サービスを行っている企業だ。チラシを見て連絡をくれた人の自宅や事業所へ出向き、片付けや買い取りなどを行っている。

全国規模ではなく関西を中心にサービスを提供している企業だが、予算の多寡にかかわらず結果につなげることができるのがポスティングの利点の一つだ。後述するが、同社にはほぼ月一でポスティングの依頼をいただいており、低コスト・長期間の配布が成果に結びついているのだろう。

併配で広いエリアを比較的低コストで配布

チラシの配布方法は、他のクライアントのチラシを配るときにいっしょに配布する「併配」。他のクライアントの配布先に配るわけだから、配布先を細かく指定はできないが、その代わり配布単価は下がる。

同社のように、客先に出向く〝出張型〟のビジネスは併配が多い。その理由は、エリアや配布先を細かくセグメントして配布するよりも、単価を下げて広いエリアを高い頻度で配ったほうがコストパフォーマンスが上がることを経験上、把握しているのであろう。

配布頻度は、ほぼ毎月1回。毎月のように配布し、住民に頻繁にチラシに接触してもらうことで、「ちょうど不要品を処分したかったところ」「ちょうど遺品を整理しないといけないところだった」というニーズに対応できる。また逆に、いざ不用品が出てしまったときに、1か月ごとにチラシが配布されていることにより、生活者はチラシに手を伸ばすだけで同社に連絡が付くということもあるだろう。

表

サイズはB5、紙質はクオリティよりコストパフォーマンスを重視

「いつかお役に立ちます」「永久保存版」といったキャッチコピーで、チラシの保存を促す

10%オフのクーポン券

❸ かたづけくまさんのトータルアシスト

裏

スタッフの写真を載せて、親近感と信頼感を醸成

具体的なサービス内容を写真とコピーで直感的に説明

豊富な情報を、グリッドを基調としたデザインにすることで分かりやすく伝達

チラシにはフリーダイヤルが記載されている。「チラシを見る→フリーダイヤルに電話」という導線で顧客とコンタクトを持つ設計だ。

チラシからネットへの誘導は、あまり重要視していないようだ。というのも、検索ワードとURLは掲載されているものの、文字の大きさがとても小さい。その分、フリーダイヤルの文字は比較的目立つように配置されており、チラシを見た人からの電話によるコンタクトが多いのだろうと思われる。

ポスティングチラシのスペースは、フリーペーパーや、実質的に限りがないともいえるWebに比べると、狭いことは否めない。だからこそ、伝えたいことを絞り、その地域の生活者の目線に立ったメッセージを伝えることが重要である。

❸ かたづけくまさんのトータルアシスト

商品・サービス	不用品の買い付け・買取、遺品整理
ビジネス形態	出張片付け、買取
チラシ形状	B5　両面印刷
折り	なし
配布方法	併配
配布頻度	ほぼ月一

ここがポイント!

- ☑「併配」でコストを下げながら効果の最大化を図る
- ☑紙質は薄く、サイズも小さい。制作についてはコスト重視
- ☑チラシからフリーダイヤルへ誘客

ポスティング成功事例❹

株式会社E空間

［イークウカン］

地域の〝おなじみの場所〟へ集客

E空間は外壁・屋根塗装の専門会社でチラシ内容は、説明会の集客をするためのものだ。外壁塗装は価格が高額で、作業内容が一般の方には分かりにくい。そのため、同社はテーマを明確に絞った分かりやすい説明会を開催し、購入者の不安を取り除いている。

外壁塗装の需要があるのは主に戸建て住宅だ。そのため、配布先も戸建て住宅のみ。マンションなどの集合住宅には配布していない。

配布枚数は通常、1会場10000枚から20000枚ほど。配布タイミングは、説明会の開催の3週間前～1週間前で説明会会場への導線等も考慮し、毎回弊社営業担当と打ち合わせを行った上、決定している。

説明会は毎月場所を変えて実施されており、スケジュールがチラシの最終面に大きく記載されている。説明会会場は、公民館などの、その地域に住む方にとっては“おなじみ”の安心出来る場所だ。

大阪市内及び大阪府下のかなり広いエリアにおいて、繰り返し継続的にポスティングをご依頼頂いていて現在で5年目になり、ポスティングによる集客効果を確実に実感頂いている。

２０１８年には外壁・屋根塗装のセミナー開催数全国一位、２０１９年には外壁・屋根塗装一戸建て施工件数全国一位という名誉ある実績を獲得された。

２０１８年から弊社デザイナーによりチラシのデザインも担当させて頂いている。

表

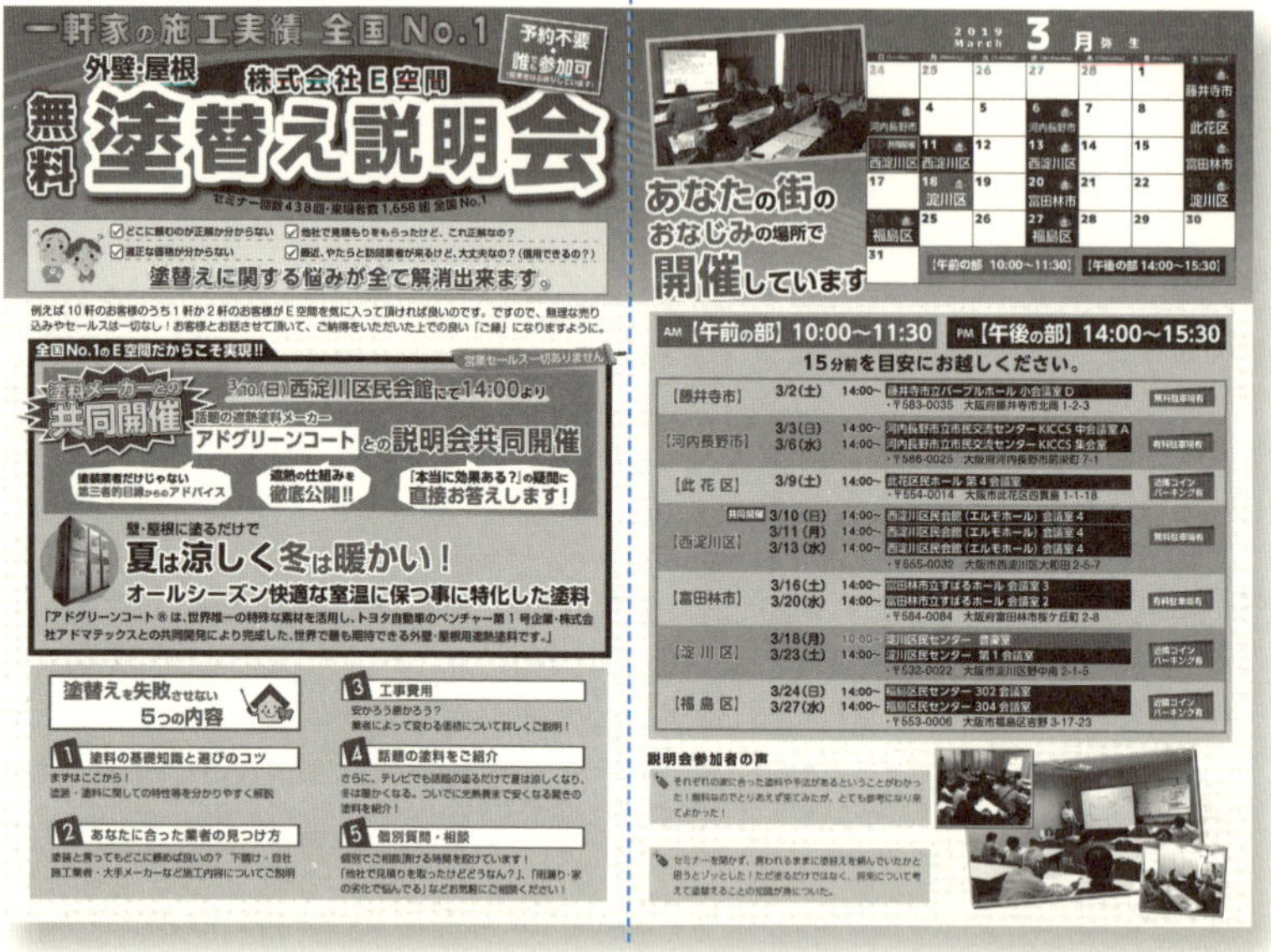

B4サイズを2つ折り。
開くとB4サイズとなり、かなりの量の情報が盛り込まれているが、整理されたレイアウトになっていて読みやすい。

❹ 株式会社 E空間

検討の、最後の一押しになる情報を掲載している。

中

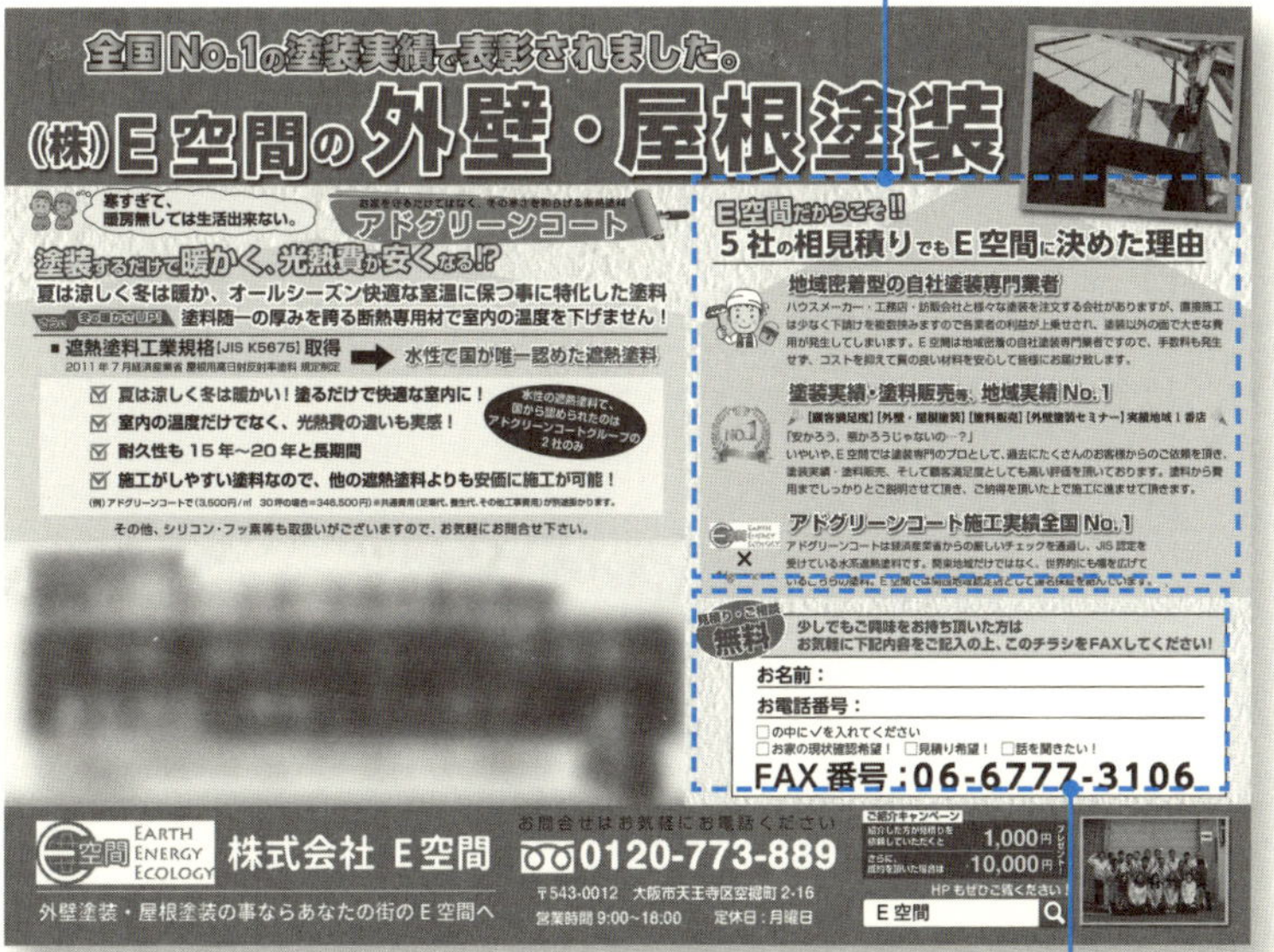

参加申し込みは、メインターゲットである年配者に配慮しネットではなくFAXをメインに。

❹ 株式会社 E空間

商品・サービス	外装塗装
チラシの目的	説明会への集客
チラシ形状	B5
折り	二つ折り
配布先	戸建て住宅

ここがポイント!

- ☑商品・サービスの「説明会」への集客にもポスティングは効果的
- ☑配布先は戸建て住宅のみ
- ☑各説明会の3週間前〜1週間前の間にポスティング

対談「これからのポスティングを考える」

日本ポスティング協同組合
理事長 西原美由紀
×
株式会社アドワールド
代表取締役 佐々木実

日本ポスティング協同組合は、1999年に組織されたポスティングを事業とする企業同士の協同組合だ。各地域の有力なポスティング会社85社が所属し、2019年2月現在、北海道から沖縄まで計2万6千人の配布員を擁する、国内最大規模のポスティング組織となっている。

本書でも繰り返し述べているように、ポスティングはいま再び注目を集めており、組合へ加盟する企業も年々増えていっている。逆に言えば、ポスティング会社が提供するサービスの質が、より厳しく問われるようになってきているとも言えるだろう。

そこで今回、同組合の西原理事長をお呼びし、「これからのポスティングを考える」をテーマに、現在の組合の活動や今後の業界全体の発展についてお話を伺った。

ポスティング会社同士の協力で業界全体を活気づける

――本日はお忙しいところありがとうございます。まずは、日本ポスティング協同組合の活動内容について、改めてお伺いできますか。

西原　はい。日本ポスティング協同組合の最大の特長は、日本各地のポスティング会社85社が加盟し、全国一斉ポスティングなどの組織力を生かした配布が可能な点です。また、横のつながりで営業力を鍛える「セールスフォース」という活動や、健康長寿委員会、ポスティングクオリティ委員会などがあり、業界全体の発展と企業倫理の向上を目的として活動しています。

佐々木　本書でも書いている通り、ポスティングは、新聞購読者数の減少などにより、地域住民の方々に網羅的に情報を届ける手段として再び注目されています。協会の活動は、そのように好調なポスティング業界を、厳選された法人企業でけん引していくことだと思っています。

――同業者の集団ということで、中には競合にあたる企業もあるのではないかと思いますが。

佐々木　率直に言ってしまえば、競合という意味ではすべてが競合。ただ担当エリアによる住みわけがある程度できているので、パイの奪い合い以上に相互扶助の仕組みから得られるものの方が大きい。

西原　今は多くの加盟社が、いただいている仕事の量に対して配布員が足りずに困っている状況です。そのようなときに、人材の奪い合いをするのではなく、仕事を分け合うような仕組みがあることで、ポスティング業界全体が活気づいていっています。

最先端の取り組みを業界全体で普及させていく

佐々木　情報交換も大きいですよね。他の企業のお話を聞くと、こんなところにも需要があったのかと気付くことが多いです。このまえ面白かったのは、スマートフォンアプリのローンチを、ポスティングで告知している企業さんがありました。スマホとポスティングは一見相性が悪いようですが、こうやって協力することもできる。

西原　アプリの紹介チラシは、私も見たことがあります。アナログなチラシはウェブに押されていると思われがちですが、逆にウェブに誘導する第一次接触ポイントとしての役割も担える。

佐々木　デジタルだけ、アナログだけではなくて、両方を組み込んだカスタマージャーニーを描ければ、ポスティングの活躍の場はもっと広がるのではないでしょうか。

西原理事長（左）、佐々木社長（右）

西原　おっしゃる通りですね。情報交換の場としては、全国の加盟社に直接赴いて、事務所や倉庫を回りながら取り組みを伺う勉強会も盛況です。組合内の学ぶ意識の高さを感じますよね。

佐々木　私がさきほどの事例を知ったのも勉強会です。加盟社はそれぞれこだわりと工夫をもって事業を行っている企業が多いので、学ぶところは多いですね。

西原　やはり各社同じように見えて、担当者レベルでも様々な工夫があるので、それが可視化される場としてうまく機能しているのではないかと思います。また、自社の業務だけではなく、ポスティング業界全体のことを考える場としても貴重です。

佐々木　先進的な取り組みも、一社だけではなかなか普及しませんから、協力して取り組んでいくことで社会全体に認められていくのではないかと思います。本書でも紹介しているＧＰＳの活用は、組合ではもう10年ほど前から行っているものですが、それ以外にもどんどん新しい取り組みを考えています。

西原　例えば、チラシにQRコードを印刷して、それを読み込むとポイントが貯まって、プレゼントと交換できるようにするとか。データがたまってくればクライアント様へのエビデンスや反響を調べる仕組みとしても活用できますし、ポスティングのポテンシャルをさらに高める仕組みを組合としても考えています。

佐々木　弊社もまだ、そういった試みをすべて実施できているわけではありません。必要であればこれまでのやり方も疑って、業界全体のよりよい未来を描いていけたらと思います。

（2018年12月18日、日本ポスティング協同組合にて）

「第1回　日本ポスティング・クオリティー大賞」受賞

この度、平成31年2月15日（金）日本ポスティング協同組合の事業である、「第1回日本ポスティング・クオリティー大賞」を最高得点の獲得評点93・9点／100点、事業品質A＋ランクで受賞した。

この制度は、日本ポスティング協同組合が3年の歳月をかけ、ポスティング事業者の経営品質、事業品質に対しアセスメント検査評価を行い、高評価の企業のみ「日本ポスティング・クオリティー大賞」受賞企業として認定しようという取り組みだ。

この制度は、応募希望制であり、当社はいち早く応募をした。

昨年10月「プロアセッサー」と呼ばれるアセスメント資格を持った検査員が当社を検査し、今回の結果に至った。

もちろん、本年度、第2回の受講も既に応募を済まし、毎年この「日本ポスティング・クオリティー大賞」を受賞できる上品質のポスティング会社として評価を得たい。

これも、クライアントからのご意見で、「実態とは程遠いがホームページ上では良好な言い回しの会社、SEOで検索上位が上手な会社。どこに頼めばよいのかよく分からない」という要望に応える一助となるブランド資格になれば幸いである。

あとがき

ポスティング業界全体のさらなる発展へ

まえがきでも書いたように、もともとは、親会社の社内事業としてスタートしたアドワールドだが、現在は大阪、神戸、東京、名古屋エリアに、営業拠点をあわせて11か所設けるまでになった。

拠点数が増えたことは、ポスティングをビジネスに活用する企業が、以前よりも増えていることを物語っている。

これは当社だけではなく、ポスティング業界全体に言えることだろう。弊社が事業を始めた頃に比べて、ポスティングというマーケティングツールのメリットが広く認知されてきたということだと思う。

しかしその一方で、残念なことだが、誠実さに欠けるビジネスを行っているポスティング会社も、ごく少数だがあると聞いている。このような話は、実際にはクライアント様から教えていただくことが多い。

このようなごく少数の会社の行為が、ポスティング業界全体のイメージに影響を与えてしまうことはとても残念だ。

こうした背景もあることから、日本ポスティング協同組合では、「ポスティングクオリティー」制度がスタートした。当社も制度の立ち上げに参加させていただいた。

同制度は、ポスティング事業を営んでいる企業の中でも実体のある配布組織を持ち、ポスティングの各工程において品質を審査し、高水準の品質基準を満たしている会社を「日本ポスティングクオリティー大賞」として認定するものだ。

ホームページの内容による演出、SEO対策による露出、営業マンの美辞麗句では表現できない会社の社格を「大賞」というブランドで差別化しましょうということである。これもクライアント様目線で考慮した結果から生まれた制度なのだ。

当社もこうした活動への賛同などを通じて、ポスティング業界のさらなる発展に微力ながら尽くしていきたい。

最後に、この本の出版を後押ししてくださった、親会社㈱イースマイル島村社長、宣伝会議の皆様とジョイントしてくださった㈱スーパーアカデミー中尾さん、また㈱宣伝会議上席執行役員の澤田さん、担当の角本さん、栗村さんには執筆、出版が初めてで不慣れな私を導いてくださり感謝申し上げます。

また、本書を書くにあたってご協力をいただいたクライアント企業や、日本ポスティング協同組合の西原理事長をはじめ、日ごろ当社のポスティングサービスを利用していただいているクライアント企業の皆様、さらに毎日チラシを管理、投函してくださっている当社の社員やスタッフさんにも、改めてお礼を申し上げたい。

特に社員の皆様には、「日本一やりがいのあるポスティング会社」という結果をもって、毎日の頑張りに応えていきたい。アドワールド社に入社して、良き人生であるとご家族の皆様にも言っていただけるよう日々精進してまいります。

年々出張が増え、私の留守を守ってくれる妻と、しっかり自己主張もするようになった成長著しい可愛い娘には、いつも感謝をしていますが、今回も最高の感謝を贈ります！

アドワールド　代表取締役　佐々木 実

宣伝会議 の書籍

【宣伝会議マーケティング選書】
デジタルで変わる宣伝広告の基礎
宣伝会議編集部 編

情報があふれ生活者側にその選択権が移ったいま、真の顧客視点発想が求められている。コミュニケーション手法も多様になった現代における宣伝広告の基礎をまとめた一冊。

■本体1800円+税 ISBN 978-4-88335-372-9

【宣伝会議マーケティング選書】
デジタルで変わるマーケティング基礎
宣伝会議編集部 編

デジタルテクノロジーが浸透した社会において伝統的なマーケティングの解釈はどのように変わるのか。いまの時代に合わせて再編したマーケティングの新しい教科書。

■本体1800円+税 ISBN 978-4-88335-373-6

【宣伝会議マーケティング選書】
デジタルで変わるセールスプロモーション基礎
販促会議編集部 編

生活者の購買導線が可視化され、データ化される時代のセールスプロモーションのあり方とは。流通・小売り施策から効果測定、デジタル販促まで、基礎と最先端を体系化したセールスプロモーションの教科書。

■本体1800円+税 ISBN 978-4-88335-374-3

【宣伝会議マーケティング選書】
デジタルで変わる広報コミュニケーション基礎
社会情報大学院大学 編

情報がグローバルかつ高速で流通するデジタル時代において、企業広報や行政広報、多様なコミュニケーション活動をよりよく有効に展開するための入門書。広報パーソン必携の一冊。

■本体1800円+税 ISBN 978-4-88335-375-0

詳しい内容についてはホームページをご覧ください www.sendenkaigi.com

佐々木 実（ささき　みのる）
アドワールド代表取締役
1969年生まれ
大阪市生まれの岐阜県育ち

高校卒業と同時に、岐阜県から大阪へ。バブル最終期にショットバーのメッカ、大阪心斎橋鰻谷の名店であった「バー橋本」でバーテンダーとして勤務。当時流行語だった「24時間戦えますか」を地でいくほどの労働と、社交コミュニケーションの狭間で揉まれ、社会人の厳しさを知る。

他、広告代理店、リフォームの営業マンを経て親会社である「イースマイル」へ広告担当として入社。2014年6月より、現職である株式会社アドワールド社長就任と数々の転職を経てきた雑草派。

自分がそうであったように、転職組の履歴書職数だけで一次審査を落とすことはせず、逆にそのような人の中に苦労を知った「人材の原石」がいるのではないかと思うようになる。

■好きな言葉
「君が憂いに我は泣き、我が喜びに君は舞う!」

■家族
妻と娘の3人暮らし

■毎年の「年賀状」では、ジョークで始めた何かしらのコスプレ演出が恒例化してしまい、各社様から次何するの? と言われることに。広告表現には「遊び心」も必要であると自負する。

なぜいまポスティングか
20年以上の経験則に基づく10の仮説

発　行　日	2019年3月10日
著　　　者	佐々木実
企画・編集	宣伝会議ビジネスブックス編集部
発　行　者	東彦弥
発　行　所	株式会社宣伝会議 〒107-8550　東京都港区南青山3-11-13 TEL. 03-3475-3010（代表） https://www.sendenkaigi.com/
デザイン	ごぼうデザイン事務所
印刷・製本	図書印刷株式会社

ISBN 978-4-88335-463-4 C2063